CURSO E JULGAMENTO DOS PROCESSOS NOS TRIBUNAIS

Dados Internacionais de Catalogação na Publicação (CIP)

P397c Peña, Eduardo Chemale Selistre

Curso e julgamento dos processos nos tribunais / Eduardo Chemale Selistre Peña. 2. ed. rev. atual. – Porto Alegre: Livraria do Advogado Editora, 2021.

155 p.; 23 cm.

ISBN 978-65-86017-12-0

1. Processo civil. 2. Organização judiciária. I. Título.

CDU - 347.9

Índices para catálogo sistemático:

Processo civil 347.9

Organização judiciária 347.97/.99

(Bibliotecária responsável: Marta Roberto, CRB-10/652)

Eduardo Chemale Selistre Peña

CURSO E JULGAMENTO DOS PROCESSOS NOS TRIBUNAIS

2ª EDIÇÃO
revista e atualizada

livraria
DO ADVOGADO
editora

Porto Alegre, 2021

Capa, projeto gráfico e diagramação
Livraria do Advogado Editora

Revisão
Rosane Marques Borba

Imagens da capa
freepik.com/vetores/flyer

Direitos desta edição reservados por
Livraria do Advogado Editora
Rua Riachuelo, 1334 s/105
90010-273 Porto Alegre RS
Fone: (51) 3225-3311
livraria@doadvogado.com.br
www.doadvogado.com.br

Impresso no Brasil / Printed in Brazil

À Victoria Laxalde Peña, futura jurista!

Agradecimentos

Aos meus sócios, Jorge e Guilherme Zugno, e aos membros do escritório Zugno & Peña Advogados, pela amizade, companheirismo e incentivo.

Prefácio

Prefaciar esta obra de Eduardo Chemale Selistre Peña é para nós uma grande honra e, sob certo ponto de vista, uma tarefa fácil, pois são abundantes as qualidades a serem ressaltadas nesse jovem e promissor jurista.

Mestre em Direito pela Pontifícia Universidade Católica do Rio Grande do Sul, Eduardo Chemale Selistre Peña não se limitou, como muitos, à defesa de sua dissertação sobre "O recurso de Agravo como meio de impugnação das decisões interlocutórias de primeiro grau"; empenhou-se, na sequência, em torná-la pública e disponibilizar sua excelente pesquisa ao meio jurídico.

Depois disso, permaneceu firme no propósito de fornecer sua contribuição aos estudiosos do direito processual civil, publicando diversos artigos sobre a jurisdição, o processo de conhecimento, o processo nos tribunais e temas afins, sempre em revistas e obras de alto renome.

E, como se não lhe bastassem a obtenção do título de Mestre pela consagrada PUC-RS e a considerável produção acadêmica, o autor empreendeu uma corajosa "mudança de ares" para São Paulo, onde enveredou para a advocacia e manteve inabaláveis seus propósitos acadêmicos, concluindo o curso de doutoramento da Pontifícia Universidade Católica de São Paulo.

Em São Paulo, tivemos a oportunidade de conhecer Eduardo e testemunhar sua avidez intelectual e atuação exemplar na advocacia, que nos conduzem à afirmação segura da qualidade do trabalho do colega e amigo que ora apresentamos à comunidade jurídica.

Além do compromisso com a pesquisa impecavelmente realizada, a redação cuidadosa e a oportuna abordagem do tema e respectivos questionamentos, estamos certos de que a experiência e o contato com a *diversidade* acadêmica, bagagem trazida por esse jovem autor, lançarão sobre o leitor novas perspectivas sobre o direito processual civil.

Num contexto em que se discutem amplamente temas como a importância da uniformização dos entendimentos dos tribunais, os poderes do Relator e a força vinculante dos precedentes judiciais no direito brasileiro, a obra "Curso e Julgamento dos Processos nos Tribunais" vem, em boa hora, demonstrar o impacto que o procedimento recursal exerce sobre o sistema processual e os direitos fundamentais do cidadão, tema que não pode jamais ser olvidado.

Parabenizo à Editora e ao autor pelo lançamento oportuno da obra, e estimo aos leitores o máximo de proveito possível; que possam vislumbrar na obra não apenas a solução para questões cotidianas, mas a verdadeira extensão da repercussão das regras procedimentais sobre os direitos e garantias fundamentais do jurisdicionado.

Arruda Alvim

Parecerista. Advogado em São Paulo, Rio de Janeiro, Brasília e Porto Alegre.
Livre-docente pela Pontifícia Universidade Católica de São Paulo.
Professor Titular (Mestrado e Doutorado) da Pontifícia Universidade Católica de São Paulo.

Sumário

Lista de abreviaturas e siglas

AI...................... Agravo de Instrumento
AgRg................... Agravo Regimental
AJURIS............. Associação dos Juízes do Rio Grande do Sul
art.................... artigo
arts.................. artigos
Bol. AASP.......... Boletim da Associação dos Advogados de São Paulo
CRFB................ Constituição da República Federativa do Brasil
CETJRS............ Centro de Estudos do Tribunal de Justiça do Rio Grande do Sul
cf...................... conforme
CGP .... Código General del Proceso (do Uruguai)
CPC .... Código de Processo Civil
CPC/73............. Código de Processo Civil de 1973
Des.................. Desembargador
DJU.................. Diário de Justiça da União
EC.................... Emenda Constitucional
Ed.................... Editora
IX ETAB............ Nono Encontro dos Tribunais de Alçada do Brasil
j........................ julgado
JTJ .... Jurisprudência do Tribunal de Justiça (do Estado de São Paulo)
LC .... Lei Complementar
LEC .... Lei de Enjuiciamento Civil (da Espanha)
Min.................. Ministro
MS .... Mandado de Segurança
nº..................... número

NCPC .... Nouveau Code de Procédure Civile (da França)
p. .... página
RE .... Recurso Extraordinário
RISTJ .... Regimento Interno do Superior Tribunal de Justiça
RITJRJ .... Regimento Interno do Tribunal de Justiça do Estado do Rio de Janeiro
RITJRS .... Regimento Interno do Tribunal de Justiça do Estado do Rio Grande do Sul
RITJSE .... Regimento Interno do Tribunal de Justiça do Estado de Sergipe
RITJSP .... Regimento Interno do Tribunal de Justiça do Estado de São Paulo
RITRF4 .... Regimento Interno do Tribunal Regional Federal da 4ª Região
Rel. .... Relator
Rela. .... Relatora
REsp .... Recurso Especial
RePro .... Revista de Processo
RT .... Revista dos Tribunais
RTJ .... Revista Trimestral de Jurisprudência (STF)
RTJE .... Revista Trimestral de Jurisprudência dos Estados
RSTJ .... Revista do Superior Tribunal de Justiça
ss. .... seguintes
STF .... Supremo Tribunal Federal
STJ .... Superior Tribunal de Justiça
TRF .... Tribunal Regional Federal
v.g. .... *verbi gratia*
vol. .... Volume
ZPO .... *Zivilprozessordung* (da Alemanha)

Observação:

Os artigos citados sem especificação da lei correspondente, pertencem ao Código de Processo Civil do Brasil em vigor.

Introdução

O Título I do Livro III da Parte Especial do Código de Processo Civil de 2015, sob o título "Da Ordem dos Processos e dos Processos de Competência Originária dos Tribunais", reúne um conjunto de regras dispostas a organizar a importante tarefa dos tribunais não só no julgamento dos recursos, como também das ações originárias dos tribunais (*v.g.* Ação Rescisória e Mandado de Segurança), e incidentes como o de resolução de demandas repetitivas e o de assunção de competência.

Possivelmente encontram-se neste Título alguns dos artigos que menor atenção ganham da doutrina. A escuridão sob a qual vivem tais normas contribui para o fenômeno da total ausência de uniformidade das formas de procedimento entre os tribunais do país, o que prejudica o trabalho dos advogados e, consequentemente, os jurisdicionados.

Os próprios tribunais parecem desconhecer as regras deste capítulo. Não raras vezes adotam e fazem inserir em seus regimentos internos, procedimentos contraditórios com as normas do Código, originando insegurança e mesmo injustiça.

Os regimentos internos, previstos pela Constituição Federal (art. 96, I, a), devem apenas trazer normas suplementares e complementares, destinadas a regular o funcionamento administrativo do tribunal e a competência de seus órgãos. Não podem, obviamente, contrariar o disposto pelo Código. Eventuais regras discordantes constantes nos regimentos dos tribunais não devem ser observadas; se o forem, podem, conforme o caso, nulificar o julgamento, por violarem o art. 22, I, da Constituição Federal.[1]

De tudo, destaquem-se dentre as regras que ordenam o processo nas Cortes do país, os dois caminhos distintos que podem tomar os recursos dentro do tribunal, representados pelos procedimentos completo e abreviado.

[1] NERY JÚNIOR, Nelson; NERY, Rosa Maria de Andrade. *Constituição Federal Comentada e legislação constitucional.* 5ª ed. São Paulo: Revista dos Tribunais, 2014, p. 429.

Naquele, estruturado pelos arts. 931, 932, I, II, VII e VIII, o recurso terá um caminho mais longo até alcançar o julgamento, mas trará maior segurança à medida que culminará com uma decisão colegiada. No outro, estruturado nos incisos III a V do art. 932, lograr-se-á um exame do recurso em prazo mais exíguo, atendendo-se o clamor da atualidade por um processo mais célere, ainda que com o desvirtuamento do caráter colegiado dos pronunciamentos dos tribunais, e com a consequente diminuição da segurança jurídica.

Registre-se, por fim, que o Título I do Livro III não reúne todas as normas concernentes ao tema, havendo importantes artigos pertinentes ao procedimento dos recursos e processos nos tribunais distribuídos ao longo do Código. Assim ocorre, por exemplo, com a regulamentação da baixa dos autos à origem após o trânsito em julgado do acórdão, que é tratada no art. 1006, dentro do Capítulo I do Título II do Livro III, sob o título "Disposições Gerais". De outro lado, o procedimento dos recursos no Supremo Tribunal Federal é regulado por seu Regimento Interno, o qual foi recepcionado pela Constituição Federal com força de lei.[2]

Comparativamente ao Código anterior, o atual apresenta melhor sistematização, notadamente por reunir as regras gerais pertinentes ao curso e julgamento dos processos nos tribunais, separando-as claramente da disciplina estabelecida para os recursos em espécie, da qual cuida o Título II do Livro III.

---

[2] DIDIER JR., Fredie; CUNHA, Leonardo José Carneiro da. *Curso de Direito Processual Civil.* v. 3, 13ª ed. Salvador: Jus Podium: 2016, p. 34.

1. *Protocolo e registro de autos e petições recursais*

Todos os autos que ingressem no Tribunal (*v.g.* Apelação Cível, Recurso Especial, Recurso Extraordinário), assim como aqueles nele próprio formados (*v.g.* Ação Rescisória, Mandado de Segurança, Agravo de Instrumento)[3] antes de tudo, serão registrados no protocolo do dia de sua entrada. Assim exige o art. 929, que traz a seguinte redação:

> Art. 929. Os autos serão registrados no protocolo do tribunal no dia de sua entrada, cabendo à secretaria ordená-los, com imediata distribuição.

O registro tem a finalidade de garantir a publicidade dos atos processuais, exigida pelo art. 11 do Código e arts. 5º, LX, e 93, IX, da Constituição Federal. Ademais, é relevante para fins estatísticos, fiscais e históricos.[4]

Todo tribunal há de manter um livro oficial de protocolo, cuja a finalidade consiste em certificar a data da entrega das petições, documentos e autos.[5] Decerto, nos dias atuais, estes livros são representados por sistemas eletrônicos capazes de processar com velocidade e armazenar grande quantidade de dados.

Tratando-se de autos que se formem no tribunal, a partir de petição entregue pela parte, como é o caso do agravo de instrumento, admissível a exigência de recibo que comprove o ato, conforme estabelece o art. 201. Em geral, o recebido é aposto na cópia apresentada pelos advogados já com esta finalidade. Em se tratando de processo

---

[3] Como explica Bermudes, certas ações se ajuízam, diretamente, nos tribunais, sem passar pela primeira instância, por conta de vontade expressa da Constituição e das leis, que fazem uma opção política, tomando em conta, muitas vezes (não necessariamente, haja vista a ação por último referida neste tópico (ação rescisória) a condição das pessoas dos litigantes (BERMUDES, Sérgio. *Introdução ao processo civil.* 4ª ed. Rio de Janeiro: Forense, 2006, p. 186).

[4] DIDIER JR., Fredie; CUNHA, Leonardo José Carneiro da. *Curso de Direito Processual Civil,* v. 3, 13ª ed. Salvador: Juspodivm: , 2016, p. 35.

[5] ASSIS, Araken de. *Manual dos Recursos.* 8ª ed. São Paulo: Revista dos Tribunais, 2016, p. 347.

eletrônico, que certamente será a regra nos próximos anos, o sistema deve igualmente disponibilizar o recebido, sob pena de violar o que determina o Código.

Notadamente em processos físicos, o recebido será de grande valia caso haja o extravio de documentos ou mesmo a necessidade de restituição de autos.[6]

O indigitado artigo diz, ainda, que cabe à secretaria ordenar os autos para distribuição, isto é, "tomar todas as providências necessárias a pôr os autos em ordem para o procedimento, tais como dar-lhes nova capa, anotar os nomes das partes e dos advogados, indicar a modalidade de recurso ou de ação".[7]

Nada muda, substancialmente, em se tratando de autos eletrônicos. Continuarão eles carecendo, ressalvadas as particularidades, das providências acima elencadas, precedentes à distribuição. O trabalho, contudo, será mais célere e menos fastidioso para os servidores.[8]

O RITRF4, por exemplo, em seu art. 119, especifica que "os processos serão autuados no *eproc* conforme as Tabelas de Classes e Assuntos vigentes e atualizadas, adotando-se as regras de numeração instituídas pelo Conselho Nacional de Justiça". E complementa o § 1º do art. 119 que "deverão ser anotadas na autuação todas as informações relevantes ao andamento do processo, tais como intervenções obrigatórias, benefícios concedidos e preferências legais a serem observadas, bem como outras informações que possam auxiliar os Relatores na triagem dos processos".

A secretaria a que se refere a parte final do art. 929 é a do tribunal, não devendo ser confundida com aquela da câmara ou turma, para a qual, posteriormente, serão encaminhados os autos, quando já sorteado um relator. No Tribunal de Justiça do Rio Grande do Sul, *v.g.*, tanto o registro, como a conferência da numeração e a posterior distribuição são efetuados no Departamento Processual, nos termos do seus arts. 168 e seguintes do RITJRS.

Releva notar que o registro há de ser feito no mesmo dia da apresentação dos autos ou petição recursal, cabendo frisar que a data certificada como da entrega, em muitos casos, será utilizada para verificação

---

6 NERY JUNIOR, Nelson; NERY, Rosa Maria de Andrade. *Código de processo civil comentado*. 16ª ed. São Paulo: Revista dos Tribunais, 2016, p. 161.

7 BERMUDES, Sérgio. *Comentários ao Código de Processo Civil*. 2ª ed. São Paulo: Revista dos Tribunais, 1977, v. 7, p. 379-380, n. 266, p. 539.

8 Conforme Araken de Assis, "em geral o serviço encarregado da tarefa é o mais inóspito e indesejado pelos servidores da Justiça Pública" (ASSIS, Araken de. *Manual dos Recursos*. 8ª ed. São Paulo: Revista dos Tribunais, 2016, p. 347).

da tempestividade; daí a importância deste ato.[9] Também por isso, ao interessado é dado solicitar certidão ou mesmo recibo de entrega,[10] conforme mencionado acima.

Após o registro e a autuação, a secretaria passará a verificar a numeração das folhas (quando se tratar de processo físico), completando-a ou corrigindo-a – quando se tratar de recurso interposto na origem, como a apelação – ou iniciando-a – nas hipóteses em que se cuidar de ação originária, a exemplo da rescisória, ou de recurso interposto diretamente no tribunal, como o agravo de instrumento.

No que concerne à responsabilidade cartorária, o recebimento da carga dos autos marca a transferência de responsabilidade de guarda dos autos de que a trata o art. 152, IV, de um escrivão para outro.[11]

1.1. Descentralização dos serviços de protocolo

O parágrafo único do art. 929, repetindo o que dispunha o art. 547 do Código revogado, autoriza a delegação de serviços de protocolo a ofícios de justiça de primeiro grau, isto é, permite a criação dos chamados "protocolos integrados" ou "unificados". Por meio destes, torna-se possível protocolar petições, recursos e ações não só no tribunal competente, mas também em outros lugares previamente definidos, como, por exemplo, nos foros regionais ou das comarcas do interior do Estado.

A descentralização dos serviços de protocolo vem ao encontro do princípio consagrado na Constituição Federal do efetivo acesso à Justiça.[12] Na prática, é um facilitador ao exercício da advocacia, visto que desobriga o deslocamento dos profissionais aos tribunais,[13] que muitas vezes distam centenas de quilômetros das comarcas onde atuam.[14]

---

[9] Vejam-se rigorosos entendimentos do STJ neste sentido: "De acordo com o art. 66 do Regimento 'as petições e os processos serão registrados no protocolo da secretaria do Tribunal no mesmo dia do recebimento'. Cabe, pois, a parte entregar a sua petição no protocolo da secretaria e não no gabinete do ministro. O que marca a tempestividade do agravo regimental é ser a sua petição protocolada na secretaria do STJ, dentro do prazo de 5 (cinco) dias" (STJ-3ª Turma, Emb. Decl. No AgReg no Ag 30914/RJ, rel. Min. Nilson Naves, DJ 31.05.2003.

[10] Assim: MOREIRA, José Carlos Barbosa. *Comentários ao código de processo civil*, vol. V, 14ª ed. Rio de Janeiro: Forense, 2008, p. 646.

[11] NERY JUNIOR, Nelson; NERY, Rosa Maria de Andrade. *Comentários ao Código de Processo Civil*. São Paulo: Revista dos Tribunais, 2015, p. 1847.

[12] FUX, Luiz. *Curso de direito processual civil*. Rio de Janeiro: Forense, 2004, p. 973.

[13] ASSIS, Araken de. *Manual dos Recursos*. 8ª ed. São Paulo: Revista dos Tribunais, 2016, p. 347.

[14] Como diz Alexandre Freitas Câmara, "a norma é extremamente salutar, na medida em que permite aos advogados que atuam longe da sede do tribunal (pense-se, por exemplo, em um advogado de Porto Velho, Rondônia, que tenha de atuar perante o Tribunal Regional da Primeira Região, localizado em Brasília) dirigir mais facilmente suas petições aos órgãos superiores" (CÂMARA, Alexandre Freitas. *Lições de direito processual civil*, vol. II. 2ª ed. Rio de Janeiro: Lumen Juris, 2004, p. 137).

Nada obstante a clareza da norma, o Superior Tribunal de Justiça resistiu em aceitá-la para os recursos que lhes são direcionados. Chegou a editar, ao tempo do Código de Processo Civil de 1973, a Súmula 256, que enuncia que "o sistema de 'protocolo integrado' não se aplica aos recursos dirigidos ao Superior Tribunal de Justiça".

Contudo, julgando Agravo Regimental no Agravo nº 792.846-SP, a Corte Especial acabou por revogar a referida Súmula e admitir que o parágrafo único do art. 547 do CPC/73 era aplicável a todos os recursos, indistintamente.[15]

No Supremo Tribunal Federal, malgrado também tenha havido inicial relutância, a inovação foi admitida com antecedência. Em decisão de junho de 2006, o Tribunal Pleno do Pretório Excelso decidiu que "a Lei n. 10.352, de 26.12.01, ao alterar os artigos 542 e 547 [CPC/73], afastou o obstáculo à adoção de protocolos descentralizados. Esta nova regra processual, de aplicação imediata, se orienta pelo critério da redução de custos, pela celeridade de tramitação e pelo mais facilitado acesso das partes às diversas jurisdições".[16]

Com efeito, não há razão para tratamento diverso para os recursos dirigidos aos tribunais superiores, tendo em vista que a lei não faz qualquer distinção.[17]

---

[15] STJ-Corte Especial, AgRg no Ag 792.846-SP, Rel. originário Min. Francisco Falcão, Rel. para acórdão Min. Luiz Fux, j. 21.5.2008.

[16] STF-Pleno, AI-AgR 476260, Rel. Min. Carlos Ayres Brito, DJU de 16.06.06, p. 5.

[17] Veja-se o voto da Min Nancy Andrighi no precedente acima referido: "(...) inicialmente, havia dois óbices insuperáveis à utilização do sistema de protocolo integrado para os recursos destinados ao STJ: o primeiro era a antiga redação do caput do art. 542 do CPC, segundo a qual a protocolização do recurso especial deveria ocorrer na própria secretaria do Tribunal de origem; o segundo, a ausência de dispositivo de legislação federal autorizando a utilização do protocolo integrado. (...) Contudo, em 26 de dezembro daquele ano, foi publicada a Lei nº 10.352/01, que alterou diversos dispositivos do Código de Processo Civil referentes aos recursos e ao reexame necessário. Entre outras inovações, o advento desta Lei incluiu no CPC a possibilidade de descentralização dos serviços de protocolo por parte dos Tribunais, mediante delegação desses atos aos ofícios de justiça de primeiro grau, nos termos do parágrafo único do art. 547 do CPC, que dispõe: 'Os serviços de protocolo poderão, a critério do tribunal, ser descentralizados, mediante delegação a ofícios de justiça de primeiro grau'. (...). Entre outras inovações, o advento desta Lei incluiu no CPC a possibilidade de descentralização dos serviços de protocolo por parte dos Tribunais, mediante delegação desses atos aos ofícios de justiça de primeiro grau, nos termos do parágrafo único do art. 547 do CPC, que dispõe: 'Os serviços de protocolo poderão, a critério do tribunal, ser descentralizados, mediante delegação a ofícios de justiça de primeiro grau.' Foi, ainda, alterada a redação do caput do art. 542, disposição essa incluída na Seção II do Capítulo VI do Título X do CPC, que trata, justamente, dos recursos especial e extraordinário. Com efeito, a redação desse artigo, naquele momento, era a seguinte: 'Recebida a petição pela secretaria o tribunal e aí protocolada, será intimado o recorrido, abrindo-se-lhe vista para apresentar contra-razões'. A reforma realizada no caput desse artigo teve, justamente, a relevante função de excluir a expressão 'e aí protocolada', afastando a taxatividade da norma anterior em relação à protocolização das petições de recurso extraordinário e especial na própria Secretaria do Tribunal prolator do acórdão impugnado. Em resumo, a Lei n.º 10.352/01 pretendeu possibilitar a aplicação do sistema de protocolo integrado em termos bastante amplos".

O avanço da tecnologia e a desejada prevalência do processo eletrônico, decerto, farão com que o dispositivo perca a utilidade, tendo em vista que o protocolo será obrigatoriamente efetivado no próprio sistema disponibilizado pelo tribunal. O TRF4 é exemplo disso: o seu Regimento Interno determina no art. 117, § 2º, que "o ajuizamento e a distribuição de ações, processos, recursos, incidentes e demais procedimentos, de competência originária ou recursal, no âmbito do Tribunal, somente serão admitidos por meio do *eproc*".

2. *Distribuição*

Devidamente registrado, autuado e numerado, o processo ou recurso será distribuído de acordo com as regras do regimento interno do tribunal (art. 929, *caput*).

Como, em geral, os tribunais contêm mais de um órgão igualmente competentes para o julgamento das causas e recursos que lhes são encaminhados, ou, ao menos, mais de um relator possível, faz-se necessária a distribuição para a fixação da competência,[18] isto é, para incumbir um dos seus membros de julgá-lo – quando admissível que o seja feito de forma singular – ou de relatá-lo e emitir o respectivo voto.[19]

Por aí já se vê a importância do ato, capaz de determinar a sorte do recurso ou da ação originária, já que não raro há conhecidas divergências de entendimentos no âmbito dos tribunais.[20]

A distribuição, consoante o art. 929, *caput*, que está em consonância com o art. 93, XV, da Constituição Federal, deverá ser imediata.[21] O comando não é despropositado: tem o intuito de impedir o mau vezo de alguns tribunais de represar a distribuição de recursos, fazendo-a de pouco em pouco.[22]

Nery Jr. e Nery recordam, por exemplo, que "o Conselho da Magistratura do Tribunal de Justiça de São Paulo baixou o Provimento 545/96 (DJUE-SP 5.2.1996), determinando que os agravos de instrumento dirigidos diretamente ao TJSP fossem distribuídos duas vezes por semana (art. 1º)".[23]

---

[18] MOREIRA, José Carlos Barbosa. *Comentários ao Código de Processo Civil*. Vol. V, 14ª ed., Rio de Janeiro: Forense, 2008, p. 647.

[19] ASSIS, Araken de. *Manual dos Recursos*. 8ª ed. São Paulo: Revista dos Tribunais, 2016, p. 349.

[20] *Idem*, p. 350.

[21] Preceitua a mencionada norma, incluída pela EC 45/2004: "A distribuição de processos será imediata, em todos os graus de jurisdição".

[22] MOREIRA, José Carlos Barbosa. *Comentários ao Código de Processo Civil*, vol. V. 14ª ed. Rio de Janeiro: Forense, 2008, p. 648.

[23] NERY JUNIOR, Nelson; NERY, Rosa Maria de Andrade. *Código de processo civil comentado*. 16ª ed. São Paulo: Revista dos Tribunais, 2016, p. 2260.

Com efeito, a norma constitucional impede que os tribunais limitem o número de processos a serem distribuídos a cada um dos seus componentes. Antes da reforma constitucional levada a efeito pela EC nº 45/2004, não era incomum em alguns tribunais a distribuição de causas não urgentes levar mais de 3 (três) anos.[24]

Atualmente, de outra sorte, "entrando o processo no tribunal, imediatamente a secretaria deverá providenciar a distribuição"[25] por sorteio eletrônico. Com isso, desde logo, as partes conhecem o relator do recurso interposto e evita-se um vácuo processual entre o momento do protocolo e o da distribuição, que obrigaria o encaminhamento de questões urgentes surgidas neste interregno ao presidente ou vice-presidente do Tribunal.[26]

2.1. Princípios norteadores da distribuição

Consoante o art. 930, a distribuição deverá seguir princípios obrigatórios, quais sejam: publicidade, alternatividade e sorteio.

A publicidade dos atos processuais constitui-se em um dos princípios informativos do processo, consagrado no art. 5º, LX, da Constituição Federal. A efetivação deste princípio enseja a fiscalização das atividades dos órgãos jurisdicionados pelas partes, pelos interessados e pela sociedade em geral.

A publicidade da distribuição é vacina contra fraudes e instrumento para assegurar o respeito aos princípios do juiz natural,[27] da im-

---

[24] BARROSO, Darlan. *Manual de Direito Processual Civil*, v. II – recursos e processo de execução. Barueri-SP: Manole, 2007, p. 134.

[25] *Ibidem.*

[26] NERY JUNIOR, Nelson; NERY, Rosa Maria de Andrade. *Comentários ao Código de Processo Civil.* São Paulo: Revista dos Tribunais, 2015, p. 1847.

[27] Como já tive a oportunidade de dizer, "a imparcialidade do juiz, mais do que simples atributo da função jurisdicional, é vista nos dias atuais como seu caráter essencial. Não por outra razão que tem sido eleita por parte da doutrina como a pedra de toque do ato jurisdicional, servindo para diferenciá-lo dos demais atos estatais. Para assegurar a imparcialidade (e a independência) do juiz é que a maioria das Constituições contemporâneas consagra o Princípio do Juiz Natural, exigindo que a designação do julgador se dê anteriormente à ocorrência dos fatos levados a julgamento e feita de forma desvinculada de qualquer acontecimento concreto ocorrido ou que venha a ocorrer. Juiz Natural, assim, é aquele que está previamente encarregado como competente para o julgamento de determinadas causas abstratamente previstas. Na atual Constituição o princípio é extraído da interpretação do inciso XXXVII, do art. 5º, que preceitua que 'não haverá juízo ou tribunal de exceção' e também da exegese do inciso LIII, que reza: 'ninguém será processado nem sentenciado senão pela autoridade competente'. Completam o arcabouço de consagração do princípio as garantias outorgadas aos juízes de vitaliciedade, inamovibilidade e irredutibilidade de subsídios, previstas no caput do art. 95 da Constituição Federal. Costuma-se dizer, considerando o texto dado pela Carta, que juiz natural é somente aquele integrado de forma legítima ao Poder Judiciário e com todas as garantias institucionais e pessoais previstas na Constituição Federal. Por outro lado, somente são efetivamente Juízos e Tribunais, aqueles constitucionalmente previstos,

parcialidade[28] e dos demais princípios da distribuição: alternatividade e sorteio. A observância do princípio da publicidade no momento da distribuição sequer necessitaria constar no Código de Processo Civil, pois, como dito, todos os atos processuais são públicos por exigência da Constituição Federal.[29] É apropriado, contudo, que o Código explicite a exigência da publicidade também quanto ao ato de distribuição, afastando qualquer pretensão de relativização pelos regimentos internos.

A alternatividade objetiva lograr uma equitativa distribuição dos feitos entre os diversos órgãos e juízes do tribunal, de forma a equilibrar o volume de trabalho, impedindo que alguns fiquem ociosos enquanto outros estão sobrecarregados.[30]

O sorteio, que consiste na distribuição pela sorte ao juiz competente, objetiva assegurar a observância do princípio do juiz natural,[31] garantir a imparcialidade, bem como, ao ser combinado com o princípio da alternatividade, a justa repartição de trabalho.[32]

A boa aplicação dos princípios exige que sejam observados tanto no pertinente aos órgãos fracionários de mesma competência, quanto aos julgadores destes órgãos individualmente.[33]

Nada obstante serem em tese aferíveis os sistemas de informática, há certa parcela de insegurança quanto à possibilidade de manipulação do sistema. Conduzida hoje a distribuição por sistema de informática instalado em computador embrenhado na secretaria do tribunal, questiona-se a efetiva observância aos seus princípios e a infalibilidade do sistema.

A desconfiança é alentada no meio da advocacia, nutrida por histórias verídicas que de tempos em tempos vêm à tona. Em setembro

---

ou, então, os que estejam previstos a partir e com raiz no Texto Constitucional" (PEÑA, Eduardo Chemale Selistre. *O Princípio do juiz natural*. [S.l.: s.n, 200-]. Disponível em: <http:\\www.tex.pro.com.br>. Acesso em: 6 de maio 2006).

[28] BERMUDES, Sérgio. *Comentários ao Código de Processo Civil*, vol. 7. 2ª ed. São Paulo: Revista dos Tribunais, 1977, p. 360; PINTO, Nelson. *Código de Processo Civil interpretado*. Antônio Carlos Marcato (Coord.). 3ª ed. São Paulo: Atlas, 2008, p. 1857.

[29] Para Alexandre Freitas Câmara, "em verdade, não se faz necessário que a lei processual exija expressamente a observância de tal princípio. A distribuição é um ato processual, e todos os atos processuais são públicos, por determinação constitucional (com ressalva dos atos que devam ser praticados em segredo de justiça – art. 155 do CPC)" (CÂMARA, Alexandre Freitas. *Lições de direito processual civil*, vol. II. 2ª ed. Rio de Janeiro: Lumen Juris, 2004, p. 138).

[30] BERMUDES, *loc. cit.*, p. 360.

[31] DIDIER JR., Fredie; CUNHA, Leonardo José Carneiro da. *Curso de Direito Processual Civil*, vol. 3. 13ª ed. Salvador: Juspodivm, 2016, p. 36.

[32] PINTO, *loc. cit.*, p. 1857.

[33] CÂMARA, Alexandre Freitas. *Lições de direito processual civil*, vol. II. 2ª ed. Rio de Janeiro: Lumen Juris, 2004, p. 138.

de 2016, por exemplo, o Órgão Especial do TJSP, após processo administrativo disciplinar, puniu com demissão desembargador que participou de fraudes na distribuição e venda de decisões.[34] Em junho de 2016, o Conselho Nacional de Justiça, nos autos de revisão disciplinar, afastou tanto da jurisdição quanto da presidência o então Presidente do TJAL.[35] Em 2014, o Conselho Nacional de Justiça decidiu demitir quatro servidores do TJMA após procedimento administrativo que concluiu pelo envolvimento deles em fraudes na distribuição de processos judiciais em tramitação no Fórum de São Luís.[36] Em 2007, o Tribunal de Justiça do Amazonas confirmou que detectou fraude na distribuição de 443 processos, após perícia realizada no sistema.[37]

O fato de não haver atualmente sessão pública de distribuição, como houve no passado, na vigência do Código de Processo Civil de 1939, quando, aos olhos de todos, retiravam-se aleatoriamente de uma urna papeis com os números dos processos que eram um a um distribuídos aos juízes por ordem de antiguidade,[38] seguramente estimula desconfianças.

Decerto reserva-se às partes e respectivos advogados, ao Ministério Público e à Defensoria Pública o direito de fiscalizar a distribuição (art. 289), inclusive requerendo a apresentação de prova da obediência aos seus princípios norteadores e de requerer ao presidente do tribunal a correção de eventual erro que se tenha verificado nessa (art. 288). A prerrogativa, contudo, é de raro exercício.[39]

Nada obstante, a fiscalização pelos legitimados pode ser exercida de maneira direta, quando há o acompanhamento presencial, no exato momento em que essa se dá, sendo lícita a solicitação do número de petições que se encontram à frente e o juízo a que foram distribuídas; bem como de forma indireta por meio da solicitação de certidão ao distribuidor na qual conste o número de petições distribuídas e os juízos a que foram encaminhadas.[40]

Ambas as formas de fiscalização, contudo, não gozam de grande simpatia de magistrados e servidores do Judiciário, seja por se senti-

---

[34] Disponível em: <https://www1.folha.uol.com.br/cotidiano/2016/09/1817812-justica-decide-por-aposentadoria-de-desembargador-que-soltou-traficante.shtml>. Acesso em 22 de maio de 2020.

[35] CNJ, Pedido de Providências nº 5364-55.2015

[36] CNJ, PAD 0003361-69.2011.2.00.0000, Rel. Conselheiro Paulo Teixeira.

[37] Jornal da Ordem da OAB/RS, notícia disponível em: <http://www.jornaldaordem.com.br/noticia-ler/tribunal-justica-amazonas-confirma-esquema-fraude-na-distribuicao-processos/8092>.

[38] ASSIS, Araken de. *Manual dos Recursos*, 8ª ed., São Paulo: Revista dos Tribunais, 2016, p. 350.

[39] *Ibidem*.

[40] MARINONI, Luiz Guilherme; MITIDIERO, Daniel. *Código de Processo Civil comentado artigo por artigo*, 5ª ed., São Paulo: RT, 2013, p. 244.

rem pessoalmente vigiados, seja por entenderem tratar-se de trabalho sem utilidade.

O Supremo Tribunal Federal, em 2016, incitado por um cidadão brasileiro, com base na Lei de Acesso a Informação, a expor o código-fonte do programa de computador que realiza a distribuição aleatória dos processos aos ministros, negou-se a atender o pedido e respondeu que a escolha do "relator é feita através de um sistema informatizado desenvolvido pela equipe de Tecnologia da Informação da Corte, o qual utiliza um algoritmo que realiza o sorteio do relator de forma aleatória".[41]

Em muito se mitigaria o problema – embora não se resolveria – alocando um monitor interligado ao computador no qual roda o programa de distribuição, em área do tribunal a todos acessível ou mesmo permitir o acompanhamento *on line* da tela do computador que processa o programa. Não é esse, contudo, um procedimento comumente adotado.

O Código de Processo Civil absteve-se de regular pormenores no que concerne à distribuição, remetendo-os aos regimentos internos dos tribunais, que disciplinarão a matéria com observância aos aludidos princípios, que, como se viu, laboram contra o arbítrio nas distribuições e, ao fim e ao cabo, em favor da isenção e da equitativa repartição de trabalho.

No Tribunal de Justiça do Rio Grande do Sul, por exemplo, consoante o art. 139 do RITJRS:

> A distribuição será feita por processamento eletrônico de dados, mediante sorteio aleatório e uniforme, diária e imediatamente, em tempo real, observadas as classes e subclasses definidas por provimento baixado pelo Presidente do Tribunal e aprovado pelo Órgão Especial.

O Regimento Interno do Tribunal de Justiça de São Paulo, por sua vez, dispõe, em seu art. 181, que:

> Os feitos serão distribuídos aos desembargadores em audiência pública designada em dias certos da semana, segundo as cadeiras que ocupam nos órgãos julgadores, mediante sorteio, de forma ininterrupta e paritária, respeitadas prevenções e impedimentos, conforme a respectiva classe.

Não ofende os princípios elencados pelo referido art. 930, a norma regimental que estabelece a prevenção do órgão fracionário e do relator para julgamento de todos os recursos e incidentes processuais que se originarem de um mesmo processo, ou em causas que se relacionem

[41] HARTMANN, Ivar; CHADA, Daniel. *Distribuição dos processos no STF é realmente aleatória?* Disponível em: <http://www.jota.com.br>, acesso em 20 de maio de 2020.

por conexão ou continência.[42] Ao revés, tais normas harmonizam-se com o sistema e trazem inúmeras vantagens práticas.[43]

O Código de Processo Civil não cominou a pena de nulidade para a hipótese de distribuição realizada em inobservância aos princípios mencionados, de forma que aplicável a regra do art. 277, isto é, ainda que violado algum deles, reputar-se-á válida a distribuição se alcançar o fim a que se destina (assegurar a imparcialidade e a distribuição de trabalho).[44]

2.2. Prevenção e conexão nos tribunais

A prevenção prevista no parágrafo único do art. 930 é fenômeno que diz respeito ao direcionamento do recurso a um determinado julgador (distribuição por dependência), por já lhe ter sido distribuído, anteriormente, outro originado da mesma ação ou de ações conexas.

Desta forma, por exemplo, o relator de agravo de instrumento que impugnou o deferimento de uma tutela provisória (art. 1.015, I), será competente também para relatar eventual agravo de instrumento interposto no mesmo processo contra decisão que excluir litisconsorte (art. 1.015, VII), bem como para a apelação apresentada contra a sentença proferida na mesma ação (art. 1.009).

Ficará prevento também, ensejando a distribuição por dependência, o i) relator para quem foi distribuído o requerimento de atribuição de efeito suspensivo à apelação, ao recurso especial e ao recurso extraordinário (art. 1.012, § 3º, I; art. 1.029, § 5º, I); e ii) o relator que primeiro houver proferido decisão de afetação, quando houver mais de uma afetação para julgamento como recurso repetitivo acerca da mesma questão de direito (art. 1.037, § 3º).

A conexão, por sua vez, que poderá ocorrer no tribunal nas ações originárias, determina, nos termos do art. 55, a reunião, para julgamento em conjunto, de causas que tenham em comum alguns dos seus elementos (objeto, partes, causa de pedir). Há conexão, assim, quando há um nexo, um elo, um vínculo que entrelaça duas ou mais ações.[45] O Supremo Tribunal Federal, por exemplo, reconheceu a conexão entre

[42] Neste sentido: MOREIRA, José Carlos Barbosa. *Comentários ao Código de Processo Civil*, vol. V. 14ª ed. Rio de Janeiro: Forense, 2008, p. 648.

[43] Cf. ponto 2.2, Prevenção e conexão nos tribunais.

[44] Assim: BERMUDES, Sérgio. *Comentários ao Código de Processo Civil*, v. 7. 2ª ed. São Paulo: Revista dos Tribunais, 1977, p. 361. Na mesma linha: PONTES DE MIRANDA, Francisco Cavalcanti. *Comentários ao Código de Processo Civil*, t. VIII: arts. 539 a 565. Rio de Janeiro: Forense, 2001, p. 202.

[45] SANTOS, Moacyr Amaral. *Primeiras linhas de direito processual civil*, v. 1. 21ª ed. São Paulo: Saraiva, 1999, p. 257.

uma ação anulatória coletiva de uma decisão do Conselho Nacional de Justiça e diversos mandados de segurança impetrados por servidores atingidos pela mesma decisão.[46]

Ambos os fenômenos, embora distintos, se relacionam e têm os idênticos escopos de assegurar a integridade da ordem jurídica, evitando que se profiram decisões contraditórias ou conflitantes dentro de um mesmo processo, bem como o de proporcionar economia processual e a eficácia do processo, racionalizando o serviço judiciário.[47]

Desta forma, distribuído um recurso pertinente a determinada causa a certo juiz do tribunal, todos os subsequentes recursos interpostos na mesma demanda ou em demandas conexas devem ser também a ele direcionados,[48] desde que permaneça integrando órgão competente para apreciação da matéria tratada no feito.

O art. 146, V, do RITJRS, por exemplo, dispõe:

> O julgamento de mandado de segurança, de mandado de injunção, de habeas-corpus, de habeas-data, de correição parcial, de reexame necessário, de medidas cautelares, de embargos de terceiro, de recurso cível ou criminal, mesmo na forma do art. 932, inciso IV, e alíneas, do Código de Processo Civil, de conflito de competência, e do pedido de concessão de efeito previsto no art. 1.012, § 3º, do Código de Processo Civil, previne a competência do Relator para todos os recursos posteriores referentes ao mesmo processo ou em processo conexo, tanto na ação quanto na execução.

Conforme pensamento dominante, a prevenção ocorre ainda que o primeiro recurso não tenha sido conhecido ou já tenha sido julgado.[49]

Neste sentido, o RITRF4 dispõe, no § 2º do art. 122, que "firma prevenção, inclusive, a decisão que deixar de conhecer do feito, ou julgar prejudicado o pedido, ou quando, tendo sido extinto o processo sem resolução de mérito, for reiterado o pedido, ainda que em litisconsórcio com outros autores ou que sejam parcialmente alterados os réus da demanda".

---

[46] STF-Pleno, Pet 4656/PB, rel. Min. Cármen Lúcia, julgamento em 19.12.2016.

[47] NERY JUNIOR, Nelson. Conexão – Junção de processos. *Revista de Processo*, São Paulo: RT, 64/158.

[48] A prevenção, em regra, é do juiz, e não do órgão, a exemplo do que preceitua o art. 146, V, do RITJRS, acima reproduzido. Todavia, em sentido contrário parece ser o entendimento de Cruz e Tucci, que refere: nos tribunais, "a prevenção se dá geralmente pelo conhecimento de um incidente ou impugnação, sendo certo que a turma julgadora que conhecer de um recurso acerca de determinada demanda atrairá, para julgamento, outros que sejam eventualmente interpostos no processo (CRUZ E TUCCI, José Rogério. *A causa petendi no processo civil.* 2ª ed. São Paulo: RT, 2001, p. 220).

[49] NEVES, Daniel Amorim Assumpção. *Novo CPC – inovações, alterações e supressões comentadas*, Rio de Janeiro: Método, 2015, p. 470. Também: DIDIER JR., Fredie; CUNHA, Leonardo José Carneiro da. *Curso de Direito Processual Civil*, v. 3. 13ª ed. Salvador: Juspodivm, 2016, p. 38.

Nada obstante, alguns tribunais tardaram em aderir a este entendimento, insistindo que não se estabeleceria a prevenção quando o recurso não fosse conhecido.[50]

Embora alguns regimentos internos regulamentem apenas a prevenção do relator, é "correto o entendimento de que a câmara ou turma que conhecer de um recurso acerca de determinada causa fica preventa para conhecer de outros que sejam eventualmente interpostos na mesma causa".[51]

O RITRF4, seguindo este entendimento, menciona em art. 122:

> A distribuição de mandado de segurança, habeas corpus, correição parcial, tutela provisória ou de urgência e recurso cível ou criminal torna preventa a competência do Relator e do Órgão Julgador para todos os recursos ou incidentes posteriores, tanto na ação quanto na execução, referentes ao mesmo processo e aos feitos reunidos no primeiro grau (grifei).

O RITJSP, na mesma linha, dispõe em seu art. 105:

> A Câmara ou Grupo que primeiro conhecer de uma causa, ainda que não apreciado o mérito, ou de qualquer incidente, terá a competência preventa para os feitos originários conexos e para todos os recursos, na causa principal, cautelar ou acessória, incidente, oriunda de outro, conexa ou continente, derivadas do mesmo ato, fato, contrato ou relação jurídica, e nos processos de execução dos respectivos julgados.

O § 3º do mesmo artigo, contudo, assegura a prevenção do relator enquanto este mantiver assento no colegiado:

> O relator do primeiro recurso protocolado no tribunal terá a competência preventa para os recursos subsequentes no mesmo processo ou em processos conexos, enquanto compuser ou auxiliar a Câmara ou o Grupo, segundo a cadeira do tempo da distribuição.

---

[50] O TJRS, por exemplo, como elucida o seguinte julgado: AGRAVO DE INSTRUMENTO. DIREITO PRIVADO NÃO ESPECIFICADO. PREVENÇÃO. Até 2006, a prevenção do relator não incidia, nas hipóteses em que o recurso anterior não era conhecido, ou era julgado prejudicado, conforme redação anterior do art. 146, incisos V e VI, alíneas "a" e "b", do Regimento Interno desta Corte. Com isso, caso distribuído o feito a relator diverso do anterior, se mostrava inviável a declinação da competência. Ocorre que em 2006, sobreveio a Emenda Regimental nº 03/06, que deu nova redação ao art. 146, inciso V, do Regimento Interno do TJ/RS, passando a dispor que o julgamento de recurso cível, mesmo na forma do art. 557 e parágrafo 1º do CPC (isto é, mesmo quando negado seguimento ao recurso, por manifestamente inadmissível), previne a competência do Relator para todos os recursos posteriores referentes ao mesmo processo, tanto na ação quanto na execução. Logo, mesmo que não conhecido o recurso anterior, incide a prevenção. Distribuído o feito a relator diverso do prevento, imperiosa se revela a declinação da competência. Além disso, a Emenda Regimental nº 03/06, revogou as alíneas "a" e "b" do inciso VI do art. 146 do Regimento Interno deste Tribunal, que previa a não incidência da prevenção, no caso de recurso anterior não conhecido ou prejudicado. Logo, também pela nova redação deste inciso, opera-se a prevenção, ainda que o recurso anterior não tenha sido conhecido, legitimando a declinação da competência. DECLINADA A COMPETÊNCIA. (Agravo de Instrumento nº 70057286023, Décima Oitava Câmara Cível, Tribunal de Justiça do RS, Relator: Elaine Maria Canto da Fonseca, Julgado em 07/11/2013).

[51] ARRUDA ALVIM NETTO, José Manuel de. *Manual de direito processual civil*, v. 2. 12ª ed. São Paulo: RT, 2008, p. 396.

Consoante estabeleceu o Superior Tribunal de Justiça, nos termos do art. 71 do RISTJ, "a prevenção, se não for conhecida *ex officio*, poderá ser arguida por qualquer das partes ou pelo órgão do Ministério Público, até o início do julgamento".[52] Não suscitada, haverá a preclusão.[53]

Portanto, como dizem Didier e Cunha, para o Superior Tribunal de Justiça, a regra da prevenção "atribui uma competência funcional com regime jurídico misto: por um lado, a incompetência pode ser conhecida de ofício; por outro, não pode ser alegada a qualquer tempo".[54]

Recomendável que, sendo contemporâneos os recursos interpostos dentro de uma mesma causa, recebam eles julgamento conjunto, garantindo a harmonia dos julgados, ressalvada, decerto, a determinação do art. 946 de que o agravo de instrumento seja decidido antes da apelação interposta no mesmo processo.

Em regra, os tribunais adotam sistemas de compensação para recompor a igualdade da distribuição, exigida pelo art. 285, afetada pela prevenção.

O RISTJ, por exemplo, determina no § 4º do art. 70 que, "haverá também compensação quando o processo tiver de ser distribuído, por prevenção, a determinado Ministro".

O RITRF4, por sua vez, dispõe, em seu art. 120, que "a distribuição, de responsabilidade do Presidente do Tribunal, será alternada, aleatória e equitativa entre todos os Relatores da mesma competência, **fazendo-se as devidas compensações quando ocorrerem hipóteses de prevenção, impedimento ou suspeição**" (grifei).

---

52 STJ-4ª Turma, AgRgAg nº 953865-SP, rel. Min. (convocado) Carlos Fernando Mathias, j. 5.3.2009. No mesmo sentido: STJ-5ª Turma, EDcl no AgRg no REsp nº 1273392-RJ, rel. Min. Gurgel de Faria, j. 7.5.2015.

53 DIDIER JR., Fredie; CUNHA, Leonardo José Carneiro da. *Curso de Direito Processual Civil*, v. 3. 13ª ed. Salvador: Juspodivm, 2016, p. 37.

54 *Idem*, p. 38.

3. *Conclusão ao relator e exame do recurso*

Nos termos do art. 931, depois de distribuídos, os autos serão imediatamente encaminhados (conclusos) ao juiz ou desembargador sorteado (ou prevento, vale acrescentar).

A palavra "imediatamente" tem majorada relevância, porquanto constitui inovação em relação ao Código anterior que previa, em seu art. 549, o prazo de 48 horas, após a distribuição, para a conclusão dos autos ao relator. Com a modificação, a lei processual fica em sintonia com a Constituição Federal, que, em seu art. 93, XV, exige a distribuição imediata em todos os graus de jurisdição.

A distribuição imediata, além de assegurar celeridade, impede que se crie "um vácuo processual entre o momento do protocolo e o da distribuição; eventuais questões que exijam solução antes do julgamento não precisam ser direcionadas provisoriamente ao presidente ou vice-presidente do tribunal, podendo desde já, serem encaminhadas ao relator, o que confere maior uniformidade ao tratamento das questões contidas no processo".[55]

Conjugando os arts. 929 e 931, percebe-se a importância conferida pelo Código à celeridade processual.[56] Desde a chegada dos autos no tribunal até o seu encaminhamento ao relator, não deve haver períodos ociosos.

Conclusos os autos, dois caminhos distintos pode seguir o recurso dentro do tribunal até o julgamento: o *procedimento completo* ou o *procedimento abreviado*.[57]

---

[55] NERY JUNIOR, Nelson; NERY, Rosa Maria de Andrade. *Código de Processo Civil comentado*. 16ª ed. São Paulo: Revista dos Tribunais, 2016, p. 1974.

[56] NERY JUNIOR, Nelson; NERY, Rosa Maria de Andrade. *Comentários ao Código de Processo Civil*. São Paulo: Revista dos Tribunais, 2015, p. 1849.

[57] Expressões cunhadas por Araken de Assis (ASSIS, Araken de. *Manual dos Recursos*. 8ª ed. São Paulo: Revista dos Tribunais, 2016, p. 352)

Naquele, o recurso terá um caminho mais longo até alcançar o julgamento, mas trará maior segurança e manterá fidelidade ao caráter colegiado dos pronunciamento dos tribunais. No outro, previsto no art. 932, III, IV e V, lograr-se-á um exame do recurso em prazo mais exíguo, atendendo-se o clamor da atualidade por um processo mais célere, ainda que com o desvirtuamento do caráter colegiado dos pronunciamentos dos tribunais,[58] e com a consequente diminuição da segurança jurídica.

Nos capítulos seguintes, examinaremos detidamente os dois cursos que podem os recursos tomar dentro do tribunal até o julgamento.

[58] Nelson Nery Júnior e Rosa Maria Andrade Nery sustentam que "com as atribuições concedidas ao relator para negar e dar provimento a recurso (CPC 932 IV e V), a colegialidade das decisões de tribunal, em sua competência recursal, está sensivelmente reduzida" (NERY JUNIOR, Nelson; NERY, Rosa Maria de Andrade. *Comentários ao Código de Processo Civil*. São Paulo: Revista dos Tribunais, 2015, p. 1851). Pelo "princípio da colegialidade", ensina Cassio Scarpinella Bueno que, "deve ser entendido que a manifestação dos Tribunais brasileiros deve ser colegiada no sentido de não poder ser realizada por um só de seus membros isoladamente ou, como se costuma dizer, monocraticamente. É como se dissesse que o 'juiz natural dos Tribunais' é o órgão colegiado e não um de seus membros individualmente considerados" (BUENO, Cassio Scarpinella. *Manual de Direito Processual Civil*: inteiramente estruturado à luz do novo CPC, de acordo com a Lei n.13.256, de 4-2-2016. 2ª ed. São Paulo: Saraiva, 2016, p. 50).

4. *Procedimento abreviado de julgamento dos recursos – julgamento singular pelo relator (não conhecimento, negativa de provimento e provimento de plano)*

4.1. Evolução legislativa e aspectos gerais do julgamento singular dos recursos pelo relator

O Código de Processo Civil de 1973,[59] em sua redação original, foi econômico na outorga de poderes ao relator para o julgamento unipessoal dos recursos. Admitia o art. 557 apenas que o relator indeferisse "por despacho" o agravo manifestamente improcedente.[60]

Com notório intuito de esvaziar as pautas dos tribunais, o legislador, por meio de sucessivas reformas, ampliou as atribuições, os poderes e, mesmo, a competência do relator.[61]

A Lei 8.038/90, em seu art. 38,[62] concedeu ao relator, no STF e no STJ, poderes para indeferir de plano o recurso manifestamente intem-

---

[59] Em pesquisa histórica, Araken de Assis constatou que o primeiro texto legislativo que outorgou poderes ao relator para julgar monocraticamente recursos foi o art. 90, § 2.°, da LC 35, de 14.03.1979. Embora o dispositivo tenha limitado tal poder apenas aos relatores do TFR, segundo o jurista, o dispositivo logo foi copiado por diversos regimentos internos dos tribunais e evoluiu progressivamente até a dicção vigente (ASSIS, Araken de. *Manual dos Recursos.* 8ª ed. São Paulo: Revista dos Tribunais, 2016, p. 352).

[60] A redação original do art. 557 era a seguinte: "Art. 557. Se o agravo for manifestamente improcedente, o relator poderá indeferi-lo por despacho. Também poderá convertê-lo em diligência se estiver insuficientemente instruído. Parágrafo único. Do despacho de indeferimento caberá recurso para o órgão a que competiria julgar o agravo".

[61] PINTO, Nelson. *Código de Processo Civil interpretado.* Antônio Carlos Marcato (Coord.). 3ª ed. São Paulo: Atlas, 2008, p. 1872.

[62] Art. 38. O Relator, no Supremo Tribunal Federal ou no Superior Tribunal de Justiça, decidirá o pedido ou o recurso que haja perdido seu objeto, bem como negará seguimento a pedido ou recurso manifestamente intempestivo, incabível ou, improcedente ou ainda, que contrariar, nas questões predominantemente de direito, Súmula do respectivo Tribunal.

pestivo, incabível ou improcedente ou ainda, que contrariar, nas questões predominantemente de direito, súmula do respectivo tribunal.[63]

Significativas alterações robustecendo os poderes do relator em todos os tribunais e recursos vieram com a edição da Lei 9.139/95, que alterou o art. 557 do Código então vigente, para autorizá-lo a negar seguimento a recurso manifestamente inadmissível, improcedente, prejudicado ou em confronto[64] com súmula do respectivo tribunal, do STF ou de Tribunal Superior.

Com o advento da Lei 9.756/98, que deu nova redação ao art. 557 do CPC/1973 e incluiu os seus §§ 1°-A, 1° e 2°, o relator do recurso no tribunal passou a ter poder não só de negar-lhe seguimento, mas também de prover-lhe de plano.[65] Criou-se, assim, um procedimento abreviado para julgamento dos recursos em determinados casos.

Conforme o art. 557, *caput*, do CPC/1973, deveria o relator negar seguimento a recurso "manifestamente inadmissível, improcedente, prejudicado ou em confronto com súmula ou com jurisprudência dominante do respectivo tribunal, do Supremo Tribunal Federal, ou de Tribunal Superior".

O advérbio "manifestamente" qualificaria não apenas o adjetivo "inadmissível", mas também os demais, ou seja, "improcedente", "prejudicado" ou em "confronto com súmula ou com jurisprudência dominante". Por manifesto, entende-se o que é claro, evidente, inequívoco.[66]

No atual Código, novas alterações: optou o legislador, em observância à melhor técnica, por diferenciar as hipóteses que levam ao não conhecimento, vinculadas à admissibilidade dos recursos, daquelas que conduzem ao desprovimento, relacionadas ao mérito. A negativa de seguimento no CPC/73 abrangia, indevidamente, tanto as hipóteses que levariam ao não conhecimento do recurso, como aquelas

---

63 O dispositivo foi duramente criticado pela doutrina. Veja-se, por todos, PINTO, Nelson Luiz. Recurso Especial e Recurso Extraordinário – a Lei 8.038, de 28.5.90 e as alterações no Código de Processo Civil. *RePro*, 57, São Paulo: Revista dos Tribunais, 1990, p. 122.

64 Na opinião de Barbosa Moreira, a palavra "contraste" é mais adequada para o caso do que a palavra "confronto" (MOREIRA, José Carlos Barbosa. *Comentários ao Código de Processo Civil*. 14ª ed. Rio de Janeiro: Forense, 2008, v. 5, p. 682).

65 Consoante Fabiano Carvalho, trata-se de competência funcional, porque o relator julga sem a participação do órgão colegiado. Pode-se dizer que o relator tem competência funcional horizontal, uma vez que o recurso tramita no mesmo grau de jurisdição, e ele, o relator, pertence ao órgão colegiado, que também pode ser competente para julgar esse recurso (CARVALHO, Fabiano. *Poderes do relator nos recursos – art. 557 do CPC*. São Paulo: Saraiva, 2008, p. 52).

66 PONTES DE MIRANDA, Francisco Cavalcanti. *Comentários ao Código de Processo Civil*, t. VIII: arts. 539 a 565. Rio de Janeiro: Forense, 2001, p. 227 (comentários do atualizador Sérgio Bermudes); NERY JUNIOR, Nelson; NERY, Rosa Maria de Andrade. *Código de Processo Civil e legislação processual civil extravagante em vigor*. 4ª ed. São Paulo: Revista dos Tribunais, 2007, p. 960.

que conduziriam ao seu improvimento[67] (*v.g.* o recurso manifestamente inadmissível, assim como o prejudicado, na adequada técnica, não é conhecido. O recurso, manifestamente improcedente ou em contraste com súmula ou com jurisprudência, é desprovido).[68]

Com a adoção do critério técnico, evitam-se dúvidas e, por consequência, complicações judiciais, notadamente no que concerne ao objeto de eventual ação rescisória e, portanto, à competência para julgá-lo.[69]

De outra parte, em relação à possibilidade de negativa de provimento, decidiu o legislador ser mais restritivo, tendo em vista que o conceito de jurisprudência dominante vinha sendo indevidamente flexibilizado pelos tribunais de sorte a justificar a ampliação dos julgamentos monocráticos.

O Código atual, então, dispõe no art. 932, III, que incumbe ao relator: a) ***não conhecer*** de recurso inadmissível, prejudicado ou que não tenha impugnado especificamente os fundamentos da decisão recorrida; b) ***negar provimento*** a recurso que i) for contrário a súmula do STF, do STJ ou do próprio tribunal; ii) acórdão proferido pelo Supremo Tribunal Federal ou pelo Superior Tribuna de Justiça e iii) entendimento firmado em incidente de resolução de demanda repetitiva.

No que concerne à possibilidade de provimento dos recursos por decisão singular (monocrática), as modificações também foram restritivas. Por primeiro, não mais é admitido o provimento de plano: exige o novo regramento que ao recorrido seja oportunizada a apresentação de contrarrazões, nos termos do art. 932, V. Depois, não mais é permitido que o provimento do recurso por decisão singular do Relator seja amparado no manifesto confronto da decisão recorrida com a jurisprudência de tribunal superior. Se na vigência do Código anterior poderia o relator, nos termos do art. 557, § 1º-A, dar provimento de plano a recurso quando a decisão recorrida estivesse em manifesto confronto com súmula ou com jurisprudência de Tribunal Superior, o Código atual, mais rigoroso, exige, consoante o art. 932, V, que a decisão recorrida seja contrária: a) a súmula do Supremo Tribunal Federal, do Superior Tribunal de Justiça ou do próprio tribunal; b) acórdão proferido pelo Supremo Tribunal Federal ou pelo Superior Tribunal de Justiça em julgamento de recursos repetitivos e c) entendimento firmado

[67] DINAMARCO, Cândido Rangel. *A reforma da reforma*. São Paulo: Malheiros, 2002.

[68] PONTES DE MIRANDA, Francisco Cavalcanti. *Comentários ao Código de Processo Civil*, t. VIII: arts. 539 a 565, Rio de Janeiro: Forense, 2000, p. 226-227.

[69] MOREIRA, José Carlos Barbosa. Que significa "não conhecer" de um recurso? *Revista Forense*, v. 92, n. 333, 1996, p. 83-94.

em incidente de resolução de demandas repetitivas ou de assunção de competência.

Vale frisar que, embora a lei sugira a ideia de imperatividade ao pronunciar que "incumbe ao relator" "não conhecer", "negar provimento" ou "dar provimento" ao recurso se presentes determinadas circunstâncias, a norma, para se harmonizar com a Constituição, há de ser interpretada no sentido de que se trata de mera faculdade do relator.[70]

Destarte, "mesmo quando ao relator pareça induvidoso o acerto ou o desacerto da decisão recorrida, tanto no exame dos fatos como no das *questiones juris*, ainda assim, em determinados casos, apresentar-se-á conveniente – até pela relevância do tema no aspecto jurídico (*tot capita, tot sententia*) ou em suas repercussões sociais, que sobre a lide se pronuncie desde logo o colegiado".[71]

Decerto, examinando unicamente sob o ponto de vista da economia processual, parece incongruente a opção do relator por não julgar individualmente o recurso quando isso for admissível; "porém, a variedade dos fundamentos do ato atribuído ao relator recomenda, salvo engano, maior comedimento na abreviação do procedimento".[72]

4.2. Constitucionalidade do julgamento singular pelo relator

A modificação imposta com as sucessivas reformas iniciadas no Código anterior e reafirmadas no Código atual "quebrou o caráter colegiado dos pronunciamentos do Tribunal, dogma incontestado no direito pátrio, refundindo as funções do relator".[73] O relator passou a ter competência para julgar singularmente, enquanto antes lhe cabia apenas preparar o julgamento, do qual participaria, com seu voto, na ocasião própria.[74]

---

[70] Neste sentido: CARNEIRO, Athos Gusmão. *Recurso especial, Agravos e Agravo Interno.* 2ª ed. Rio de Janeiro: Forense, 2002, p. 42; MOREIRA, José Carlos Barbosa. *Comentários ao Código de Processo Civil, vol. 5.* 14ª ed. Rio de Janeiro: Forense, 2008, p. 681; DINAMARCO, Cândido Rangel. *O relator, a jurisprudência e os recursos:* aspectos polêmicos e atuais dos recursos cíveis de acordo com a Lei 9.756/98. São Paulo: Revista dos Tribunais, 1999, p. 132. Em sentido contrário, entendendo se tratar de poder-dever do relator, e não mera faculdade: CARVALHO, Fabiano. *Poderes do relator nos recursos – art. 557 do CPC.* São Paulo: Saraiva, 2008, p. 64.

[71] CARNEIRO, *loc. cit.*, p. 42.

[72] ASSIS, Araken de. *Manual dos Recursos.* 8ª ed. São Paulo: Revista dos Tribunais, 2016, p. 2353. Finaliza o autor, após referir a existência de entendimento contrário, afirmando que por não existir sanção para a inércia do relator naqueles casos, de toda sorte a obrigatoriedade revela-se inútil.

[73] ASSIS, Araken de. *Introdução aos sucedâneos recursais*: aspectos polêmicos e atuais dos recursos e outros meios de impugnação às decisões judiciais. São Paulo: Revista dos Tribunais, 2002, p. 23.

[74] MOREIRA, *loc. cit.*, p. 680.

Tais disposições, contudo, como afirmou o STF[75] em mais de uma oportunidade, com amplo apoio da doutrina,[76] nada têm de inconstitucionais.[77]

O art. 101, *caput,* § 4º, da LC 35/79 admite a divisão dos tribunais em órgãos fracionários como câmaras, turmas e seções, cada qual funcionando como o próprio tribunal.[78] "Essa norma deita por terra a tese da 'unidade do Tribunal. Ele é apenas uno nas suas frações e a menor delas', em alguns casos, como na hipótese do art. 932, chama-se 'relator'".[79]

De fato, como diz voz autorizada, "em segundo grau, o órgão é a câmara ou turma, bem como o relator *que integre* tais órgãos colegiados, igualmente competentes, *in abstracto,* para julgar a causa".[80]

E releva anotar que a Constituição Federal em momento algum exige que os recursos sejam obrigatoriamente julgados por órgãos colegiados. Aliás, há diversos recursos previstos no ordenamento que são julgados por decisão unipessoal, como os embargos infringentes cabíveis da sentença que julga execuções fiscais de valor inferior ou igual a 50 ORTN (art. 34 da Lei 6.830/80), assim como os embargos de declaração opostos de decisão singular.[81] De sua vez, o recurso interposto

---

[75] STF-1ª Turma, AI 360.424-MG-AgRg, rel. Min. Moreira Alves, j. 26-02-2002; STF-2ª Turma, AI 375.370-CE-AgRg, rel. Min Carlos Velloso, j. 25-06-2002.

[76] ALVIM, Eduardo Arruda. *Direito Processual Civil.* 2ª ed. São Paulo: Revista dos Tribunais, 2008, p. 938; CAMBI, Accácio. *Aspectos polêmicos na aplicação do art. 557 do CPC*: aspectos polêmicos e atuais dos recursos e outros meios de impugnação às decisões judiciais. vol. 7. São Paulo: Revista dos Tribunais, 2003. p. 13-23; CARVALHO, Fabiano. *Poderes do relator nos recursos – art. 557 do CPC.* São Paulo: Saraiva, 2008, p. 41-48. Para Nelson Nery Jr. e Rosa Maria de Andrade Nery o dispositivo somente seria constitucional se houvesse a possibilidade de que, mediante recurso, pudessem as decisões ser submetidas ao controle do Colegiado (NERY JUNIOR, Nelson; NERY, Rosa Maria de Andrade. *Código de Processo Civil comentado e legislação processual civil extravagante em vigor*. 4ª ed. São Paulo: Revista dos Tribunais, 2007, p. 960).

[77] Em sentido contrário, defendendo a inconstitucionalidade do dispositivo: PINTO, Nelson Luiz. Recurso Especial e Recurso Extraordinário – a Lei 8.038, de 28.5.90 e as alterações no Código de Processo Civil, *RePro,* 57, p. 123; MARTINS, Francisco Peçanha. A reforma do art. 557 do CPC: inconstitucionalidade e ilegalidade. *Revista do Instituto dos Advogados de São Paulo,* São Paulo, v. 5, p. 53-56, jan./jun. 2000; BORGES, Marcos Afonso. Alterações do Código de Processo Civil oriundas da Lei 9.756, de 17 de dezembro de 1998, *RePro* 94/7-11.

[78] Cf. Moniz de Aragão, seja qual for a sua divisão interna, o tribunal é sempre uno, mesmo quando por "um de seus membros integrantes, os quais, agindo isoladamente, se assim determinar a lei interna, são o próprio colégio judiciário, que fala por intermédio de seus juízes, no caso o presidente ou o relator" (ARAGÃO, Egas Dirceu Moniz de. Do agravo regimental. *Revista dos Tribunais,* São Paulo, v. 315, p. 130, 1962).

[79] ASSIS, Araken de. *Introdução aos sucedâneos recursais: aspectos polêmicos e atuais dos recursos e outros meios de impugnação às decisões judiciais.* São Paulo: Revista dos Tribunais, 2002. p. 49. No mesmo sentido: CARVALHO, *loc. cit.*, p. 54.

[80] ARRUDA ALVIM NETTO, José Manuel de. *Manual de Direito Processual Civil*, v. 2. 12ª ed. São Paulo: Revista dos Tribunais, 2008, p. 395.

[81] CARVALHO, loc. cit., p. 45-46.

contra a sentença proferida no juizado especial cível, embora julgada por órgão colegiado, não o é por um tribunal.

Assim, o relator, ao julgar singularmente recursos, é o próprio tribunal,[82] e não apenas delegado deste.[83] Até porque "as competências não podem ser 'delegadas', uma vez que o poder de julgar não pertence ao juiz, mas ao Estado – cumprindo a este, mediante legislação pertinente, atribuir o exercício da jurisdição aos ocupantes dos cargos ali indicados".[84] E não se encontram normas delegando[85] esta ou aquela competência ao relator, mas sim atribuindo-lhe, verdadeiramente, competência para julgar, como ocorre na hipótese do art. 932.[86]

Desta forma, não há qualquer afronta ao princípio do juiz natural,[87] porquanto o exame da questão terá sido realizado pelo órgão previamente definido como competente para tanto: o tribunal, presentado pelo relator.

Com efeito, "o relator – como órgão individualizado do tribunal – exerce competência funcional para julgamento de recursos, competência esta advinda da lei. Daí a conclusão: o relator é o juiz natural,

---

[82] Sérgio Cruz Arenhart também concorda com este entendimento, tendo afirmado que nenhuma restrição existe a que se confira ao relator, que também é um dos órgãos do tribunal, poderes para julgar monocraticamente qualquer espécie de recurso, nem mesmo se exigindo possibilidade de recurso para órgão colegiado (ARENHART, Sérgio Cruz. A nova postura do relator no julgamento dos recursos. *RePro*, São Paulo, n. 103, p. 37-58, 2001). No mesmo sentido: MANCUSO. Rodolfo de Camargo. *Recurso extraordinário e Recurso Especial*. 10ª ed. São Paulo: RT, 2009, p. 188-189.

[83] Em sentido contrário, pensa Tesheiner, para quem "a Constituição não constituiu tribunais, órgãos colegiados, para que funcionem monocraticamente. Ao conferir atribuições ao relator, a lei ou o regimento interno não retiram, do respectivo órgão colegiado, qualquer competência." (TESHEINER, José Maria Rosa. *Recurso das decisões do relator*. [S.l.: s.n, 200-a]. Disponível em: <http://www.tex.pro.br>. Acesso em: 10 nov. 2005). Também: ALMEIDA, José Antônio. *Agravo interno e ampliação dos poderes do relator*: aspectos polêmicos e atuais dos recursos e outros meios de impugnação às decisões judiciais. São Paulo: Revista dos Tribunais, 2003. v. 7, p. 375-435; MOREIRA, José Carlos Barbosa. *Comentários ao Código de Processo Civil*. 14ª ed. Rio de Janeiro: Forense, 2008, vol. 5, p. 680.

[84] DINAMARCO, Cândido Rangel. *Instituições de Direito Processual Civil*, vol. 1. São Paulo: Malheiros, 2001, p. 327.

[85] E, consoante refere De Plácido e Silva, "A delegação pública, conferida a autoridades ou aos poderes públicos, é sempre autorizada pela própria lei, em virtude de princípio instituído no Direito Constitucional. E se indica a soma de poderes atribuídos a um poder ou autoridade pública para desempenho de suas funções políticas ou administrativas" (DE PLÁCIDO E SILVA. *Vocabulário jurídico*. Ed. eletrônica. São Paulo: Forense, 1999. verbete "delegação").

[86] ASSIS, Araken de. *Introdução aos sucedâneos recursais*: aspectos polêmicos e atuais dos recursos e outros meios de impugnação às decisões judiciais. São Paulo: Revista dos Tribunais, 2002, p. 13-60.

[87] Na atual Constituição, o princípio é extraído da interpretação do inciso XXXVII do art. 5º, que preceitua que "não haverá juízo ou tribunal de exceção" e também da exegese do inciso LIII, que reza: "Ninguém será processado nem sentenciado senão pela autoridade competente". Completam o arcabouço de consagração do princípio as garantias outorgadas aos juízes de vitaliciedade, inamovibilidade e irredutibilidade de subsídios, previstas no caput do art. 95 da Constituição Federal (PEÑA, Eduardo Chemale Selistre. *O princípio do juiz natural*. [S.l.: s.n, 200-]. Disponível em: <http:\\www.tex.pro.com.br>. Acesso em: 6 de maio 2006).

quando julga antecipadamente o recurso",[88] nos termos autorizados pelo art. 932 do CPC.

Ademais, o art. 1.021 do CPC prevê a possibilidade de recurso (agravo interno) ao órgão colegiado do qual faz parte o relator, esvaziando qualquer alegação de inconstitucionalidade que se baseasse em afronta ao princípio do juiz natural,[89] já que, inegavelmente, não será extraída daquele que se sentir injustiçado a possibilidade de levar o caso à sessão de julgamento na qual se farão presentes os outros membros da câmara ou turma.[90]

---

[88] CARVALHO, Fabiano. *Poderes do relator nos recursos –art. 557 do CPC*. São Paulo: Saraiva, 2008, p. 54.

[89] O STF afirma a constitucionalidade do julgamento monocrático, em razão de haver possibilidade de recurso que conduza a questão ao órgão colegiado. Neste sentido: (...) PODERES PROCESSUAIS DO MINISTRO-RELATOR E PRINCÍPIO DA COLEGIALIDADE. – Assiste, ao Ministro-Relator, competência plena, para, com fundamento nos poderes processuais de que dispõe, exercer, monocraticamente, o controle de admissibilidade das ações, pedidos ou recursos dirigidos ao Supremo Tribunal Federal. Cabe-lhe, em conseqüência, poder para negar trânsito, em decisão monocrática, a ações, pedidos ou recursos, quando incabíveis, intempestivos, sem objeto ou, ainda, quando veicularem pretensão incompatível com a jurisprudência predominante na Suprema Corte. Precedentes. – O reconhecimento dessa competência monocrática, deferida ao Relator da causa, não transgride o postulado da colegialidade, pois sempre caberá, para os órgãos colegiados do Supremo Tribunal Federal (Plenário e Turmas), recurso contra as decisões singulares que venham a ser proferidas por seus Juízes (STF-Pleno, AgRg no MS 27216/RJ, Rel. Min. Celso de Mello, j. 18.09.2008). Na mesma linha é o entendimento do STJ: PROCESSUAL CIVIL. AGRAVO INTERNO. DECISÃO SINGULAR DO RELATOR. APRECIAÇÃO PELO ÓRGÃO COLEGIADO. EXIGIBILIDADE. EMBARGOS DE DECLARAÇÃO. PREQUESTIONAMENTO. MULTA. NÃO CABIMENTO. 1. A apreciação postecipada do órgão colegiado confere constitucionalidade ao art. 557, do CPC. Nesse sentido, a doutrina do tema: "Enquanto a CF disciplina a atividade dos tribunais superiores, notadamente o STF e o STJ, cabe ao CPC regular os poderes do relator nos tribunais federais e estaduais, de sorte que as atribuições conferidas ao relator pela norma comentada encontram-se em harmonia com os sistemas constitucional e processual brasileiros. A constitucionalidade da norma é de ser reconhecida, inclusive porque o CPC 557, § 1º, torna a decisão monocrática do relator recorrível para o órgão colegiado". (NERY JÚNIOR, Nelson. *Código de Processo Civil Comentado*, 9ª ed., p. 815). 2. O poder conferido ao relator, pela novel sistemática do CPC, visa a desestimular o abuso do direito de recorrer, mercê de autorizar o relator a evitar que se submeta ao ritualismo do julgamento colegiado causas manifestamente insustentáveis. Mantendo o princípio do duplo controle de admissibilidade, a lei concede recurso dessa decisão do relator, denominando-o de agravo, a ser apreciado pelo órgão competente para o julgamento do recurso. (FUX, Luiz. *Curso de Direito Processual Civil*. 3ª ed., p. 965). 3. O agravo regimental ou agravo interno é o recurso servil à retratação da decisão monocrática, ou exame pelo colegiado, de quem não pode ser suprimido o conhecimento, sob pena de violação ao princípio do devido processo legal. Precedentes: REsp 727090/RJ, Rel. Ministro FERNANDO GONÇALVES, DJ 25/02/2008; MS 8093/DF, Rel. Ministra ELIANA CALMON, CORTE ESPECIAL, DJ 21.10.2002; REsp 431.307/MS, Rel. Ministro BARROS MONTEIRO, DJ 10.03.2003; RMS 16.150/DF, Rel. Ministro CASTRO FILHO, DJ 28.10.2003 4. As decisões judiciais nos Tribunais, como regra, deverão ser proferidas por seus órgãos colegiados. Os princípios da celeridade e economia processual apontam as hipóteses em que os recursos podem receber decisões monocráticas do relator, que age como delegado do órgão colegiado. Por isso que é defeso ao relator suprimir da apreciação colegiada, por mais inadmissível que sejam as fundamentações do recurso interposto. 5. Recurso especial provido, para determinar o retorno dos autos à instância de origem, para que o agravo regimental seja apreciado pelo órgão colegiado (STJ-1ª Turma, REsp 1084437-RJ, Rel. Min. Luiz Fux, j. 12.05.2009).

[90] Sérgio Cruz Arenhart critica as decisões do STF que condicionam a constitucionalidade do julgamento monocrático à possibilidade de recurso ao colegiado. Refere que "é, no mínimo, curiosa esta decisão. Isto porque, ao que parece – e não obstante venha rechaçar qualquer argumentação

De outro lado, a norma está em plena consonância com o processo civil moderno, que tem como tendência aumentar os poderes do juiz e diminuir o número de recursos. É o triunfo de uma justiça célere e firme sobre a necessidade de uma justiça boa, mas lenta.[91]

4.3. Hipóteses que autorizam o não conhecimento do recurso por decisão singular do relator

Retomando o texto do art. 932, cumpre examinar cada uma das hipóteses que dão ensejo ao não conhecimento por decisão singular do relator.

Menciona o art. 932, III, que incumbe ao relator "não conhecer" de recurso i) inadmissível, ii) prejudicado ou iii) que não tenha impugnado especificamente os fundamentos da decisão recorrida.

A expressão "não conhecer" de um recurso significa, conforme preciosa lição, "só e sempre, abster-se de examinar a impugnação em sua substância, de aprovar ou desaprovar a decisão recorrida. O tribunal que não conhece de um recurso de jeito nenhum diz a quem assiste razão: se ao recorrente, se ao órgão *a quo*. Caso diga, ou está avançando o sinal, fazendo acréscimo indevido à decisão de não conhecimento, ou está dando ao seu próprio pronunciamento denominação equivocada".[92]

Inadmissível é o recurso que não preenche qualquer um dos pressupostos recursais, sejam intrínsecos (concernentes à própria existência do direito de recorrer) ou extrínsecos (relativos ao modo de exercício do direito de recorrer). Assim, não deve ser conhecido o recurso incabível, interposto por parte ilegítima, carcecedor de interesse recursal, deserto, intempestivo e deficientemente instruído.

no sentido da inconstitucionalidade da nova previsão – suas conclusões conflitam diretamente com o fundamento aqui utilizado. Afinal, se efetivamente não há (como de fato é o que parece) qualquer determinação que imponha o julgamento de recursos por órgãos colegiados, então fica sem sentido a advertência do julgado, no sentido de que não existiria inconstitucionalidade quando houvesse a possibilidade de que a decisão do relator pudesse ser revista pela corte. Ora, ou não existe óbice constitucional ao julgamento monocrático do recurso pelo relator, ou existe esta restrição (caso em que realmente não poderia prescindir do reexame do julgamento, em qualquer hipótese, pelo colegiado original) e, mais que isto, a delegação desta função ofenderia, diretamente, a proibição constitucional, ainda que se previsse, desta atribuição, reexame da matéria pelo órgão originário. Esta última orientação, que parece ter sido adotada pelo STF no caso narrado, poderia ser comparada à hipótese em que se previsse a possibilidade de um Juiz do Trabalho julgar as causas submetidas à Justiça Comum, desde que se autorizasse recurso desta sua deliberação para o Juiz de Direito" (ARENHART, Sérgio Cruz. A nova postura do relator no julgamento dos recursos. *RePro*, São Paulo, n. 103, p. 37-58, 2001).

[91] COUTURE. Eduardo J. *Fundamentos del derecho procesal civil.* 4ª ed. Montevideo, Buenos Aires: Ed. B de F, 2004.

[92] MOREIRA, José Carlos Barbosa. Que significa "não conhecer" de um recurso? *Revista Forense*, v. 92, n. 333, 1996, p. 83-94.

Prejudicado fica o recurso que perdeu o objeto, ou seja, aquele que não mais tem utilidade para o recorrente, caindo no vazio.[93] Tal hipótese é comum em relação ao agravo de instrumento, já que pode haver reconsideração da decisão agravada por parte do juiz *a quo*, ocorrendo o desaparecimento superveniente do interesse recursal (art. 1018, § 1º). Prejudicado fica também o recurso do qual se desistiu.

Por fim, recurso que "não tenha impugnado especificamente os fundamentos da decisão recorrida" é aquele que não ataca de forma precisa e direta a motivação exposta pelo julgador, caracterizando-se pela incongruência ou vagueza.

4.4. Hipóteses que autorizam o desprovimento do recurso por decisão singular do Relator

Nos termos do art. 932, IV, incumbe ao relator negar provimento a recurso que for contrário a: i) súmula do Supremo Tribunal Federal, do Superior Tribunal de Justiça ou do próprio tribunal; ii) acórdão proferido pelo Supremo Tribunal Federal ou pelo Superior Tribunal de Justiça em julgamentos repetitivos; iii) entendimento firmado em incidente de resolução de demandas repetitivas ou de assunção de competência.

O desprovimento representa julgamento de mérito do recurso. Ao negar provimento ao recurso, o relator desacolhe os argumentos trazidos pelo recorrente e confirma a decisão.

Vale advertir que o mérito do recurso não se confunde, necessariamente, com o mérito da ação (*v.g.*, a ação discute indenização por danos materiais e o recurso, um agravo de instrumento, impugna decisão que versa sobre a redistribuição do ônus da prova nos termos do art. 373, § 1º).

O que pretende a lei é possibilitar que o relator antecipe o julgamento de um recurso que já se sabe de antemão que solução teria se viesse a ser julgado pelo colegiado, tendo em vista que a matéria já foi pacificada no âmbito do próprio tribunal, do Superior Tribunal de Justiça ou do Supremo Tribunal Federal, seja por meio da edição de súmula, seja em razão de julgamento de recurso repetitivo [pelo STJ ou STF], de incidentes de resolução de demandas repetitivas ou assunção de competência.

Conforme afirmou o Superior Tribunal de Justiça,[94] a aplicação deste dispositivo supõe que o julgador, ao, isoladamente, negar segui-

---

[93] Assim: BERMUDES, Sérgio. *A reforma do Código de Processo Civil*. 2ª ed. São Paulo: Saraiva, 1996, p. 122.

[94] STJ, 1ª Turma, REsp 517358/RN, rel. Min. Luiz Fux, j. 4.9.2003.

mento ao recurso, confira à parte prestação jurisdicional equivalente à que seria concedida acaso o processo fosse julgado pelo órgão colegiado também competente.

O intuito, evidentemente, é simplificar o trabalho e aliviar a pauta das sessões de julgamento, com o bom amparo do sistema de precedentes obrigatórios arquitetado pelo legislador (art. 927). Toda a parcimônia, entretanto, se faz necessária na aplicação da norma, tendo em vista que é uma exceção à regra da colegialidade das decisões dos tribunais.[95]

Nelson Nery Junior e Rosa Maria de Andrade Nery consideram a norma inconstitucional, porquanto confere a súmulas simples e a decisões tomadas em incidente de assunção de competência e de resolução de demandas repetitivas efeito vinculante que não lhes foi outorgado pela Constituição Federal.[96]

Contudo, como se trata de faculdade do relator, não há o referido efeito vinculante, mas sim um estímulo à observância dos precedentes dos tribunais, em consonância com o disposto no art. 927, não se configurando desrespeito à Constituição Federal.[97]

4.5. Hipóteses que autorizam o provimento do recurso por decisão singular do relator

O provimento do recurso por decisão singular exige, diferentemente do desprovimento tratado acima, que se permita o prévio contraditório. Não há mais espaço, portanto, para o "provimento de plano" como havia na vigência do Código anterior.

O art. 932, V, é claro neste sentido ao estabelecer que incumbe ao relator "depois de facultada a apresentação de contrarrazões, dar provimento ao recurso...". O objetivo é evitar a decisão surpresa, em consonância com o princípio do contraditório, consagrado nos arts. 9º e 10.

---

[95] DIDIER JR., Fredie; CUNHA, Leonardo José Carneiro da. *Curso de Direito Processual Civil*, v. 3. 13ª ed. Salvador: Juspodivm, 2016, p. 55.

[96] NERY JUNIOR, Nelson; NERY, Rosa Maria de Andrade. *Comentários ao Código de processo civil.* São Paulo: Revista dos Tribunais, 2015, p. 1851.

[97] Neste sentido: CARNEIRO, Athos Gusmão. *Recurso Especial, Agravos e Agravo Interno.* 2ª ed. Rio de Janeiro: Forense, 2002, p. 42; MOREIRA, José Carlos Barbosa. *Comentários ao Código de Processo Civil.* 14ª ed. Rio de Janeiro: Forense, 2008, v. 5, p. 681; DINAMARCO, Cândido Rangel. *O relator, a jurisprudência e os recursos:* aspectos polêmicos e atuais dos recursos cíveis de acordo com a Lei 9.756/98. São Paulo: Revista dos Tribunais, 1999, p. 132. Em sentido contrário, entendendo tratar-se de poder-dever do relator, e não mera faculdade: CARVALHO, Fabiano. *Poderes do relator nos recursos – art. 557 do CPC.* São Paulo: Saraiva, 2008, p. 64.

Releva notar que o art. 9º, I, II, excepciona o contraditório para os casos de tutela provisória de urgência e de evidência, o que conduz ao entendimento de que também o tribunal estaria autorizado a decidir acerca dessas questões, independentemente de prévio contraditório. Com efeito, se pode o juiz de primeiro grau deferir a tutela provisória sem ouvir a parte contrária, por que o tribunal não o poderia?

Nada obstante, o art. 932, V, não repete a ressalva e exige que sempre seja previamente facultada ao recorrido a apresentação de contrarrazões. Desta forma, teremos situações – notadamente quando se tratar de agravo de instrumento – em que o recorrido tomará ciência do processo pela primeira vez quando for intimado para apresentar contrarrazões ao recurso do autor.

Haveria, neste caso, ciência inequívoca do processo antes da citação. Há que perquirir se isto repercutirá no prazo para a apresentação de contestação nas hipóteses em que este não fluir da audiência de conciliação.

4.6. Recursos que admitem o julgamento singular pelo relator

Nada obstante o art. 932, III, IV e V, não excluir de sua incidência nenhum recurso, há que fazer ressalvas à sua aplicação, ora em respeito à coerência, ora para garantir a harmonia do sistema recursal.

Com efeito, inadequado o julgamento unipessoal do agravo interno do art. 1.021[98] – recurso cabível justamente para impugnar a decisão monocrática do relator –, porquanto configuraria flagrante cerceamento de defesa, ferindo o princípio constitucional do contraditório e da ampla defesa. Assim, descabido ao relator não conhecer o agravo interno, ainda que verifique, por exemplo, ausência de um pressuposto de admissibilidade, como, *v.g.*, a tempestividade. Adequado, nestes casos, levar o recurso para que o órgão colegiado o examine e, se for o caso, não o conheça.[99] Destarte, "ao relator que integra o corpo julgador do

---

[98] Neste sentido: MOREIRA, José Carlos Barbosa. *Comentários ao Código de Processo Civil*, vol. 5. 14ª ed. Rio de Janeiro: Forense, 2008, p. 681; SLAIB FILHO, Nagib. Notas sobre o art. 557 do CPC (competência do relator de prover e de negar seguimento a recurso. *Revista Forense*, Rio de Janeiro, v. 98. n. 361, p. 95-107, maio/jun. 2002; CARNEIRO, Athos Gusmão. Poderes do relator e agravo interno: arts. 557, 544 e 545 do CPC: *Revista Síntese de Direito Civil e Processual Civil*, Porto Alegre, n. 6, p. 9-18, jul./ago. 2000, p. 9; CAMBI, Accácio. *Aspectos polêmicos na aplicação do art. 557 do CPC*: aspectos polêmicos e atuais dos recursos e outros meios de impugnação às decisões judiciais. São Paulo: Revista dos Tribunais, 2003. v. 7, p. 13-23.

[99] Assim: "(...) 3. O agravo regimental ou agravo interno é o recurso servil à retratação da decisão monocrática, ou exame pelo colegiado, de quem não pode ser suprimido o conhecimento, sob pena de violação ao princípio do devido processo legal. Precedentes: REsp 727090/RJ, Rel. Ministro FERNANDO GONÇALVES, DJ 25/02/2008; MS 8093/DF, Rel. Ministra ELIANA CALMON, CORTE ESPECIAL, DJ 21.10.2002; REsp 431.307/MS, Rel. Ministro BARROS MONTEIRO,

agravo interno compete apenas exercer o juízo de retratação".[100] Não ocorrendo tal juízo, levará o recurso a julgamento pelo órgão colegiado, incluindo-o em pauta, conforme determina o art. 1.021, § 2º. Portanto, evidente que "escapam ao relator as matérias atinentes ao juízo de admissibilidade e ao juízo de mérito do agravo interno".[101]

Inaplicável regra, também, para o julgamento do mérito dos embargos de declaração opostos de acórdão, tendo em vista que compete ao órgão judiciário que proferiu o provimento embargado julgar o recurso. Só o autor do ato poderá explicá-lo ou complementá-lo a contento.[102] Ademais, determina o art. 1.024, § 1º, que o relator apresente "os embargos em mesa na sessão subsequente, proferindo voto".[103]

Entretanto, se os embargos de declaração forem opostos contra decisão do relator ou outra decisão unipessoal proferida no tribunal (o juízo de admissibilidade de certos recursos é realizado pelo presidente ou vice-presidente da Corte) caberá ao órgão que proferiu a decisão julgar o recurso singularmente, conforme estipula o § 2º do art. 1.024;[104] configurando-se equivocado levá-lo a julgamento no colegiado que não foi prolator da decisão. Não se mostra adequada,[105] outrossim, a prática adotada por alguns tribunais de conhecer os embargos de declaração, opostos contra a decisão do relator, como agravo interno e direcioná-lo a julgamento pelo órgão colegiado.[106] De qualquer modo, caso tal

---

DJ 10.03.2003; RMS 16.150/DF, Rel. Ministro CASTRO FILHO, DJ 28.10.2003 4. As decisões judiciais nos Tribunais, como regra, deverão ser proferidas por seus órgãos colegiados. Os princípios da celeridade e economia processual apontam as hipóteses em que os recursos podem receber decisões monocráticas do relator, que age como delegado do órgão colegiado. Por isso que é defeso ao relator suprimir da apreciação colegiada, por mais inadmissível que sejam as fundamentações do recurso interposto. 5. Recurso especial provido, para determinar o retorno dos autos à instância de origem, para que o agravo regimental seja apreciado pelo órgão colegiado". (STJ-1ª Turma, REsp 1084437-RJ, Rel. Min. Luiz Fux, j. 12.05.2009, DJ 03.06.2009). Também: STJ-Corte Especial, MS 8.093-DF, rel. Min. Eliana Calmon , j. 15.05.2002, DJU 21.10.2002, p. 263.

100 CARVALHO, Fabiano. *Poderes do relator nos recursos – art. 557 do CPC*. São Paulo: Saraiva, 2008, p. 186.

101 *Ibidem.*

102 ASSIS, Araken de. *Manual dos Recursos*, 8ª ed., São Paulo: Revista dos Tribunais, 2016, p. 354.

103 Barbosa Moreira utiliza o argumento do texto legal (o art. 537 do CPC/73 tinha, neste aspecto, redação semelhante ao do atual) para sustentar o descabimento do julgamento monocrático dos embargos em qualquer hipótese (MOREIRA, José Carlos Barbosa. *Comentários ao Código de Processo Civil*, vol. V. 14ª ed. Rio de Janeiro: Forense, 2008, p. 681). Na mesma linha: ASSIS, Araken de. *Manual dos Recursos*. 8ª ed. São Paulo: Revista dos Tribunais, 2016, p. 354.

104 ASSIS, Araken de. *Manual dos Recursos*. 8ª ed. São Paulo: Revista dos Tribunais, 2016, p. 354.

105 Neste sentido: CARVALHO, *loc. cit.*, p. 256.

106 Por exemplo: PROCESSUAL CIVIL. EMBARGOS DECLARAÇÃO NO AGRAVO EM RECURSO ESPECIAL. CARÁTER INFRINGENTE. RECEBIMENTO COMO AGRAVO INTERNO. AUSÊNCIA DE IMPUGNAÇÃO ESPECÍFICA AOS FUNDAMENTOS DA DECISÃO AGRAVADA. 1. Constatado o caráter infringente, devem os embargos de declaração ser recebidos como agravo interno, na forma como dispõe o art. 1.024, § 3º, do CPC/2015 (...) Embargos de declaração rece-

procedimento incorreto seja adotado, ao menos deve-se franquear o prazo de 5 (cinco) dias para que o embargante (transformado em agravante) complemente "as razões recursais, de modo a ajustá-las às exigências do art. 1.021, § 1º", conforme determina o § 3º do art. 1.024.[107]

As ações impugnativas autônomas (rescisória, mandado de segurança e *habeas corpus*), por não se tratarem de recursos, não podem ser julgadas individualmente pelo relator com amparo no art. 932, III, IV e V. Isto não impede, todavia, que o relator, agindo como o juiz da causa, indefira a inicial, nas hipóteses autorizadas pela lei, como, *v.g.*, às dos arts. 10, *caput*, da Lei 12.016/2009, e 968, § 3º, do CPC.[108]

4.7. Momento adequado para o julgamento singular do recurso pelo relator

Um dos ideais do processo é lograr estruturar procedimentos com os quais se obtenha o máximo rendimento, com o mínimo dispêndio de esforço, tempo e dinheiro".[109] Extrai-se tal substância do princípio informativo econômico ou da economia processual.[110]

Com efeito, os procedimentos devem ser estruturados de forma a render o máximo, com a menor atividade possível, tudo para a maior celeridade da atividade judicial.

Em observância a esse princípio, a doutrina tem afirmado ser descabido o julgamento unipessoal quando já praticados atos incompatíveis com os princípios que estruturam o art. 932, III, IV e V, notadamente celeridade, economia e efetividade.[111]

Nesta senda, a ocasião apropriada para que o relator não conheça ou negue provimento a recurso em decisão monocrática é a que segue à conclusão dos autos, para o seu exame.[112] Assim extrair-se-á o melhor aproveitamento da norma, que tem claro intuito de dar celeridade à

bidos como agravo interno, do qual não se conhece (AgInt no AREsp 427.581/MG, Rel. Ministro GURGEL DE FARIA, PRIMEIRA TURMA, julgado em 07/11/2017, DJe 19/12/2017).

[107] ASSIS, Araken de. *Manual dos Recursos*. 8ª ed. São Paulo: Revista dos Tribunais, 2016, p. 355.

[108] *Idem*, p. 355-356.

[109] ARRUDA ALVIM NETTO, José Manuel. Princípios fundamentales y formativos del procedimento civil brasileño. *Revista de Processo*, v. 38, 1985, p. 103.

[110] PORTANOVA, Rui. *Princípios do Processo Civil*. 6ª ed. Porto Alegre: Livraria do Advogado, 2005, p. 24.

[111] Neste sentido: CARVALHO, Fabiano. *Poderes do relator nos recursos – art. 557 do CPC*. São Paulo: Saraiva, 2008, p. 77.

[112] MOREIRA, José Carlos Barbosa. *Comentários ao Código de Processo Civil*, vol. 5. 14ª ed. Rio de Janeiro: Forense, 2008, p. 683; CARVALHO, *loc. cit.*, p. 76.

prestação jurisdicional. Nada obstante, certo é que não há óbice a que seja previamente facultada a apresentação de contrarrazões.

De outra sorte, o provimento do recurso por decisão singular, por expressa determinação legal – art. 932, V –, só pode ocorrer após facultada a apresentação das contrarrazões.

4.8. Motivação da decisão singular do relator

A decisão do relator de não conhecimento, negativa de provimento ou de provimento – assim como todo e qualquer pronunciamento judicial capaz de gerar prejuízo –, há de ser, obviamente, fundamentada, em obediência ao que determinam a Constituição Federal (art. 93, IX) e o Código de Processo Civil (art. 11).

A motivação das decisões, de um lado, assegura à parte conhecer as razões pelas quais decidiu o julgador de determinada forma, contribuindo para a conformidade ou permitindo a adequada e coerente impugnação; de outro, é garantia contra o arbítrio que desprestigiaria o Judiciário.

Deverá estar explicitado na decisão por quais razões se concluiu que o recurso é inadmissível, improcedente ou procedente. Há que demonstrar, fazendo o cotejo, ainda que sucinto, que o caso sob exame se identifica com a súmula, acórdão ou entendimento utilizado como amparo para o julgamento monocrático, não bastando mera menção ou transcrição do precedente.

Tratando-se de recurso inadmissível, porquanto intempestivo, por exemplo, "urge apontar o termo inicial do prazo, indicando a certidão correspondente dos autos, e a data da interposição, remetendo à data constante do protocolo (art. 1.003, § 3º)".[113]

Destarte, inadequado o relator se de valer fórmulas tais quais: "não conheço do recurso, porque inadmissível", ou, então, "dou provimento ao recurso, porque a decisão recorrida contraria acórdão proferido pelo STF em julgamento de recursos repetitivos". "Todas são formas artificiais suficientes para torná-las inválidas",[114] notadamente porque incide nos vícios previstos nos incisos do art. 489, § 1º.

Contudo, tratando-se de adoção de súmula, a motivação poderá ser bastante singela. "A noção de súmula é, para os efeitos do art. 932, IV, objetiva. Bastará ao relator indicar, na motivação do provimento, o

[113] ASSIS, Araken de. *Manual dos Recursos.* 8ª ed. São Paulo: Revista dos Tribunais, 2016, p. 364.

[114] CARVALHO, Fabiano. *Poderes do relator nos recursos – art. 557 do CPC.* São Paulo: Saraiva, 2008, p. 80.

número do verbete – a transcrição do texto é supérflua –, assinalando a adequação e a compatibilidade da respectiva tese jurídica à espécie sob julgamento".[115]

A ausência de fundamentação, sempre é bom recordar, nulifica a decisão.[116]

4.9. Recurso cabível contra o julgamento singular do relator

A decisão do relator que julga de forma unipessoal o recurso abre a via impugnatória do agravo interno, previsto no art. 1.021,[117] obrigando o exame da adequação do julgamento monocrático pelo órgão colegiado, que i) chancelará a decisão, negando provimento ao agravo interno, ou, ii) entendendo não se amoldar a hipótese ao permissivo legal, determinará o prosseguimento do recurso.

Impende anotar, todavia, que, nos termos do § 4º do art. 1.021, se o agravo interno for declarado manifestamente inadmissível ou improcedente em votação unânime, o órgão colegiado, em decisão fundamentada, condenará o agravante a pagar ao agravado multa fixada entre um e cinco por cento do valor atualizado da causa, ficando a interposição de qualquer outro recurso, conforme o § 5º do mesmo artigo, condicionada ao depósito prévio do respectivo valor, excepcionando-se unicamente a Fazenda Pública e os beneficiários da gratuidade da justiça que poderão fazer o pagamento ao final.

---

115 ASSIS, Araken de. *Manual dos Recursos.* 8ª ed. São Paulo: Revista dos Tribunais, 2016, p. 362.

116 *Idem*, p. 364; CARVALHO, Fabiano. *Poderes do relator nos recursos – art. 557 do CPC.* São Paulo: Saraiva, 2008, p. 82.

117 Contudo, como alerta Eduardo Arruda Alvim, pode ocorrer de não haver a interposição do recurso e a decisão transitar em julgado. Nesse caso, eventual ação rescisória voltar-se-á contra essa decisão que, nada obstante seja monocrática, é decisão do tribunal e que contém o chamado efeito substitutivo de que trata o art. 512 (ALVIM, Eduardo Arruda. *Direito Processual Civil.* 2ª ed. São Paulo: Revista dos Tribunais, 2008, p. 942).

5. *Procedimento completo de julgamento dos recursos*

Não se adequando o recurso às hipóteses de julgamento singular ou entendendo o relator não ser este conveniente, seguirá o processo o procedimento completo dentro do tribunal.

No procedimento completo, o recurso percorrerá, como se pode intuir, um caminho mais longo até chegar ao seu julgamento. Contudo, a participação de ambas as partes e, quando for hipótese, do Ministério Público, além da obtenção de um pronunciamento de um órgão colegiado, promoverão maior segurança ao julgamento.

Ademais, o procedimento completo mantem-se fiel ao caráter colegiado dos pronunciamento dos tribunais e afasta o desconforto que para muitos causa o julgamento singular. Com efeito, embora devidamente atestada a constitucionalidade do julgamento monocrático, é inegável, por outro lado, que "a Constituição não constituiu tribunais, órgãos colegiados, para que funcionem monocraticamente".[118]

5.1. Fase inicial

5.1.1. Análise do pedido de tutela provisória

Não sendo caso de julgamento monocrático, o relator dará seguimento ao recurso, tendo, em geral, como primeira tarefa examinar eventual pedido de tutela provisória (arts. 932, II, e 995, parágrafo único).

A tutela pode ser concedida tanto para que haja a suspensão da decisão impugnada até que ocorra o julgamento do recurso, como para que seja antecipado o próprio mérito da pretensão recursal.[119]

[118] TESHEINER, José Maria Rosa. *Recurso das decisões do relator*. [S.l.: s.n, 200-a]. Disponível em: <http://www.tex.pro.br>. Acesso em: 10 nov. 2005.

[119] NERY JUNIOR, Nelson; NERY, Rosa Maria de Andrade. *Comentários ao Código de processo civil*. São Paulo: Revista dos Tribunais, 2015, p. 1850.

Com efeito, nos termos do art. 995, os recursos, salvo disposição judicial ou legal em sentido diverso, contêm apenas o efeito devolutivo,[120] que é aquele que, simplesmente, determina que a matéria seja novamente submetida ao Poder Judiciário.[121] A interposição de recurso, de tal sorte, não impede a eficácia da decisão e o imediato cumprimento de suas estipulações.[122]

Há hipóteses, entretanto, que a imediata produção dos efeitos da decisão poderá originar danos de difícil ou impossível reparação. Nessas situações, desde que o recurso interposto tenha probabilidade de êxito, poderá haver a suspensão da decisão recorrida, por ato do relator (art. 995, parágrafo único).

O efeito suspensivo, como já se pode intuir, "é a qualidade atribuída ao recurso que, a partir de certo momento, inibe a eficácia do provimento impugnado".[123]

Por vezes, porém, a suspensão da decisão não é o suficiente para evitar danos graves de difícil ou impossível reparação, havendo necessidade de o relator antecipar a pretensão recursal (por exemplo, indeferido o pedido de antecipação de tutela para fornecimento de medicamentos em primeiro grau, nenhum sentido há em apenas se suspender a decisão negativa em sede de agravo de instrumento, mas sim de se antecipar o próprio pedido do recurso, determinando-se a concessão dos medicamentos).

5.1.2. A tutela provisória no agravo de instrumento e na apelação

O agravo de instrumento, em princípio, pelo que se extrai da leitura do art. 995 do CPC, contém apenas o efeito devolutivo. A sua interposição, de tal sorte, não impede que a decisão interlocutória agravada

---

[120] O nome "efeito devolutivo" está relacionado às origens históricas do fenômeno. Isso porque era o Soberano que tinha poderes para decidir todas as causas. Todavia, delegava tal poder a prepostos (juízes). Contudo, quando as partes se inconformavam, interpunham o recurso que iria provocar o exame da questão pelo Soberano, ou seja, a devolução da matéria para aquele originariamente competente (WAMBIER, Teresa Arruda Alvim. *O novo regime do agravo.* 2ª ed. São Paulo: Revista dos Tribunais, 1996, p. 192). Nos dias atuais, segundo sugere Mendonça Lima, deveria empregar-se o termo "transferência", em vez de "devolução", já que o exame da questão apenas é transferido entre os órgãos do Poder Judiciário, que já é o Poder originariamente competente (LIMA, Alcides de Mendonça. *Introdução aos recursos cíveis.* São Paulo: RT, 1976. p. 286).

[121] WAMBIER, Teresa Arruda Alvim. *O novo regime do agravo.* 2. ed. São Paulo: Revista dos Tribunais, 1996, p. 191.

[122] CARNEIRO, Athos Gusmão. *O novo recurso de agravo e outros estudos.* 4ª ed. Rio de Janeiro: Forense: 1998, p. 81.

[123] ASSIS, Araken de. *Manual dos Recursos.* 8ª ed. São Paulo: Revista dos Tribunais, 2016, p. 298.

continue plenamente eficaz, exigindo imediato cumprimento de suas estipulações.[124]

De fato, a regra do art. 995 permite que o processo em primeiro grau prossiga em seus ulteriores termos, enquanto a decisão interlocutória que inconformou alguma das partes é reexaminada pelo Tribunal.

Há hipóteses, entretanto, que o cumprimento da decisão importa, na prática, tornar inútil o eventual provimento do agravo de instrumento, porquanto já se terá produzido, para o agravante, dano de difícil ou impossível reparação. Daí a necessidade de introduzir-se tal ou qual temperamento,[125] sob pena de tornar-se o agravo de instrumento recurso inefetivo.

Com esse intuito é que o art. 995, parágrafo único, e o art. 1.019, I, concedem poderes ao relator para atribuir efeito suspensivo ao recurso em casos nos quais se verifique que a imediata produção de efeitos possa trazer risco de dano grave, de difícil ou incerta reparação, desde que demonstrada a probabilidade de provimento do recurso.

Contudo, como já se disse, a suspensão da eficácia da decisão recorrida pode não ser suficiente para evitar a ocorrência de danos de difícil ou impossível reparação. Há casos que exigem uma providência ativa, que antecipem os efeitos da tutela pretendida pelo agravante, como, por exemplo, a determinação de internação hospitalar para tratamento emergencial. O art. 1.019, I, erradicando dúvidas que assombraram na vigência do antigo Código,[126] explicita a possibilidade da antecipação da tutela recursal.

---

[124] CARNEIRO, Athos Gusmão. *O novo recurso de agravo e outros estudos*. 4ª ed. Rio de Janeiro, Forense: 1998.

[125] MOREIRA, José Carlos Barbosa. *Comentários ao Código de Processo Civil*, vol. V. 14ª ed. Rio de Janeiro: Forense, 2008, p. 695.

[126] Tendo em vista que o art. 558 do CPC/73 falava apenas em suspensão do cumprimento da decisão, instaurou-se controvérsia em relação à possibilidade ou não de o relator ordenar a prática de ato, em hipóteses em que havia sido denegada pela decisão agravada, ou seja, atribuir ao agravo de instrumento o que se convencionou chamar de "efeito ativo". A doutrina mais autorizada, interpretando a norma processual da maneira que melhor atende a sua finalidade, levando em consideração as variáveis dos casos concretos, respondia que sim; malgrado o teor literal da disposição apontasse em sentido contrário, já que no rigor da lógica não há como "suspender" a eficácia de pronunciamento negativo, nem seria adequado construir tal "suspensão" à maneira de providência tendente a substituir a negação por afirmação. A lei, na hipótese, *minus dixit quam voluit*. Certamente o juiz, pelo poder geral de cautela, poderia tornar positiva a decisão denegatória, e cuja só suspensão, exatamente porque negativa a decisão agravada, nenhum sentido prático ou lógico conteria. A Lei 10.352/01, que alterou diversos dispositivos do CPC/73, deu fim ao debate. Inseriu o inciso III ao art. 527 dispondo que o relator "poderá atribuir efeito suspensivo ao recurso (art. 558), ou deferir, em antecipação de tutela, total ou parcialmente, a pretensão recursal, comunicando ao juiz sua decisão". Ficou claro, desde então, que o relator tem poderes de antecipação dos efeitos da tutela recursal, e não apenas o poder de dar efeito suspensivo ao recurso.

A apelação, ao revés do que sucede com o agravo de instrumento, produz, em regra, efeito devolutivo e suspensivo, conforme determina o art. 1.012. Excepcionalmente, nas hipóteses legais (art. 1.012, § 1º, e leis especiais), é recebida apenas no efeito devolutivo.[127]

O efeito suspensivo, como já se viu, "é a qualidade atribuída ao recurso que, a partir de certo momento, inibe a eficácia do provimento impugnado".[128]

Ao relator da apelação, todavia, quando desprovida por força da lei de efeito suspensivo (exceção a regra geral), é dado – conforme o § 4º do art. 1.012 – suspender, a requerimento do apelante, a eficácia da sentença até o pronunciamento definitivo do órgão colegiado, quando: i) verificar que há probabilidade de provimento do recurso ou ii) sendo relevante a fundamentação, houver risco de dano grave ou de difícil reparação.

Duas hipóteses, portanto, acolhem a suspensão da eficácia da sentença: uma baseada na *evidência* e a outra na *urgência*.[129] Esta é concedida com o objetivo de evitar dano grave ou de difícil reparação; aquela amparada exclusivamente na grande chance de sucesso do recurso, independentemente da demonstração de *periculum in mora*.

Pode o relator da apelação, outrossim, antecipar os efeitos da pretensão recursal. "Não se mostraria razoável, porquanto, no agravo de instrumento, o art. 1.019, I, engloba as duas providências, empregar outro mecanismo para esse efeito".[130]

A decisão acerca do pedido de efeito suspensivo – bem como a concernente à antecipação do efeitos da tutela recursal – é tomada em cognição sumária, e não exauriente. Com isso se quer dizer – considerado que a cognição é a técnica de exame e valoração das alegações e provas do processo[131] –, que no plano vertical não há um aprofundamento deste ato de inteligência, não se exigindo juízo de certeza, e sim de probabilidade.[132]

---

[127] AMARAL, Guilherme Rizzo. *Comentários às Alterações do Novo CPC*. São Paulo: Revista dos Tribunais, 2015, p. 1023-1024.

[128] ASSIS, Araken de. *Manual dos Recursos*. 8ª ed. São Paulo: Revista dos Tribunais, 2016, p. 298.

[129] AMARAL, *loc. cit.*, p. 1024-1025.

[130] ASSIS, *loc. cit.*, p. 559.

[131] FREITAS CÂMARA, Alexandre. O objeto da cognição no processo civil. In: *Livro de Estudos Jurídicos*, nº 11. Rio de Janeiro: Instituto de Estudos Jurídicos, 1995, p. 207.

[132] Acerca do assunto, veja-se: WATANABE, Kazuo. *Da cognição no processo civil*, ed. Revista dos Tribunais, 1987. Também: PEÑA, Eduardo Chemale Selistre. PEÑA. *Cognição no Processo Civil*: plena e limitada; exauriente e sumária. Disponível em <www.tex.pro.br>, acesso em 11 de novembro de 2008.

De outro lado, concebe-se – conforme a natureza da ação – que no plano horizontal a cognição seja plena, e não limitada, ou seja, que todos os elementos que constituem o objeto da cognição (pressupostos processuais e mérito) sejam abarcados na atividade intelectiva do juiz[133] realizada para verificar a presença ou não dos requisitos para a concessão do efeito suspensivo.

A atribuição do efeito suspensivo – assim como a antecipação dos efeitos da tutela recursal –, como se depreende dos arts. 932, II, 995, parágrafo único, e 1.012, § 4º, não pode ser concedida de ofício pelo relator,[134] dependendo de requerimento do recorrente.

O pedido de atribuição de efeito suspensivo ou de antecipação da tutela recursal pode ser formulado na própria petição recursal ou em separado, a depender de onde o recurso deverá ser interposto, se no tribunal competente para seu julgamento ou se no juízo recorrido. "No primeiro caso (ex. agravo de instrumento, embargos de declaração), o pedido de efeito suspensivo será feito no próprio recurso. Já no segundo caso (ex. apelação), o pedido deverá ser feito por meio de petição autônoma dirigida diretamente para o órgão competente para o julgamento do mérito do recurso (no caso da apelação, para o relator ou câmara, se preventos, ou para o presidente do tribunal)".[135]

Diverge a doutrina acerca do caráter obrigatório, ou não, da atribuição do efeito suspensivo ou da antecipação dos efeitos da tutela recursal quando presentes os requisitos legais.

Defendem alguns[136] que se fazendo presentes os pressupostos autorizadores da atribuição do efeito suspensivo, deve o relator deferi-lo. Ou seja, sendo relevante a fundamentação e reconhecendo o relator que do cumprimento da decisão represente risco de dano grave de difícil ou impossível reparação, não lhe resta alternativa senão atribuir ao agravo de instrumento o efeito suspensivo. Tem o agravante, de tal sorte, direito subjetivo à suspensão da decisão ou à antecipação da tutela recursal, não ficando esta inteiramente confiada ao arbítrio do relator.

---

133 PEÑA, Eduardo Chemale Selistre. *Cognição no Processo Civil*: plena e limitada; exauriente e sumária, disponível em <www.tex.pro.br>, acesso em 11 de novembro de 2008.

134 ASSIS, Araken de. *Manual dos Recursos*, São Paulo: Revista dos Tribunais, 8ª ed., 2016, p. 315. No mesmo sentido: FRANZÉ, Luís Henrique Barbante. *Tutela antecipada recursal*. Curitiba: Juruá, 2007, p. 165.

135 AMARAL, Guilherme Rizzo. *Comentários às Alterações do Novo CPC*. São Paulo: Revista dos Tribunais, 2015, p. 1012-1013.

136 Entre eles: FRANZÉ, Luís Henrique Barbante. *O agravo frente aos pronunciamentos de primeiro grau no processo civil*. Curitiba: Juruá, 2002, p. 103-105; WAMBIER, Teresa Arruda Alvim. *Os agravos no CPC brasileiro*. 3ª ed. São Paulo: Revista dos Tribunais, 2000, p. 258.

Outra corrente[137] sustenta que a lei não obriga o relator a conferir o efeito suspensivo ao recurso, ainda que verifique a presença dos requisitos previstos no art. 995, parágrafo único. Há, assim, verdadeiro poder discricionário do relator. Isto porque a lei se vale de conceitos jurídicos indeterminados ("risco de dano grave, de difícil ou impossível reparação"), cuja determinação *in concreto,* como não poderia deixar de ser, é tarefa confiada ao relator, na qual com certeza atuará boa dose de subjetividade.[138]

Assim, conforme esta corrente, tem o juiz arbítrio para decidir. Cabe-lhe dar efeito suspensivo ao recurso, nestes casos, "a seu talante". "Não é um direito assegurado ao vencido recorrente, porquanto ao juiz se outorga a faculdade de deliberar se é, ou não, possível, sustar a execução da ordem".[139]

A razão, certamente, está com a primeira corrente exposta. Não se pode confundir discricionariedade com a liberdade de que goza o juiz na fixação de conceitos jurídicos indeterminados, como, *v.g*, perigo iminente, boa-fé, atos de mera permissão ou tolerância.[140] Na discricionariedade, admite-se, em princípio, uma pluralidade de soluções. Para o juiz, contudo, não há vários caminhos dentre os quais pode, indiferentemente, escolher um sendo, todos juridicamente lícitos e queridos pela norma. Para o magistrado, há uma solução, que há de ser tida como correta: a desejada pelo legislador e "determinada" pela norma, ainda que o caminho para que se chegue até ela não seja dos mais fáceis.[141]

É verdade que "a ponderação é inerente à função de julgar. Não há critério algum, por mais rígido e objetivo, que elimine totalmente o subjetivismo nas decisões judiciais".[142] O que se quer dizer é que não pode o relator, no caso concreto, verificar que se fazem presentes os requisitos legais, mas indeferir a atribuição do efeito suspensivo ou a antecipação da tutela recursal, porquanto estaria ferindo o princípio da legalidade.

---

137 Neste sentido: MOREIRA, José Carlos Barbosa. *Comentários ao Código de Processo Civil,* vol. V, 14ª ed. Rio de Janeiro: Forense, 2008, p. 690.

138 *Ibidem.*

139 LIMA, Alcides de Mendonça. *Introdução aos recursos cíveis.* São Paulo: RT, 1976, p. 294.

140 MOREIRA, José Carlos Barbosa. *Regras de experiência e conceitos jurídicos indeterminados*: temas de direito processual. 2ª ed. São Paulo: Saraiva, 1988. p. 61 e ss.

141 WAMBIER, Teresa Arruda Alvim. Novos contornos do recurso de agravo. *Revista de Processo – RePro,* São Paulo, n. 80, 1995, p. 111-124.

142 PEÑA, Eduardo Chemale Selistre. *Breve Contribuição à reforma do judiciário: a inclusão do requisito da relevância para a redução do volume de processos no Supremo Tribunal Federal e no Superior Tribunal de Justiça*: a reforma do Poder Judiciário. São Paulo: Quartier Latin, 2006. p. 140.

Não se pode confundir discricionariedade que tem o administrador público com liberdade de investigação crítica, inerente à atividade judicial. A discricionariedade corresponde a um tipo de atividade mental realizada por aquele que aplica a lei, quando esta não determina de modo concreto e específico como atingir o fim querido pelo texto legal. Esta atividade é desenvolvida dentro de certo resíduo de liberdade, e é possível haver, em face da lei, diversas soluções tidas como corretas. A liberdade de investigação, embora se manifeste por uma pluralidade de soluções propostas, dirige-se, sempre, à única solução válida, pois que pode ser oposta a qualquer outra que dela divirja.[143]

O preenchimento de conceito vago, por meio de atividade mental de natureza interpretativa, ainda que extremamente difícil, não se confunde com discricionariedade. A norma que enseja exercício de poder discricionário comporta diversas possíveis "saídas". A norma que demanda esforços interpretativos para ser entendida e aplicada não foi criada com o intuito de gerar dualidade ou pluralidade de soluções, mas, ao revés, quer gerar uma só solução.[144]

A decisão do relator que defere ou indefere o pedido de efeito suspensivo ou de antecipação da tutela recursal desafia agravo interno, conforme previsão do art. 1.021.

O CPC/73 não previa recurso para atacar a decisão do relator acerca do efeito suspensivo ou da antecipação da tutela recursal, havendo controvérsia acerca do cabimento dos agravos regimentais, previstos nos regimentos internos do tribunais, para impugnar tais decisões, já que o agravo interno, que estava previsto no § 1º do art. 557, se prestava apenas para impugnar a decisão do relator que negasse seguimento ou desse provimento de plano a recurso. Ocorre que os agravos previstos nos regimentos internos dos tribunais (agravos regimentais) só são admissíveis quando previstos na lei ordinária (ou lei de igual ou maior hierarquia), como ocorre no caso do art. 39 da Lei 8.038/90. Isto porque, ao regimento interno não cabe criar recurso, já que a competência para legislar sobre direito processual é conferida pelo art. 22, I, da CRFB, ao Poder Legislativo da União.

5.1.3. *Incumbências do relator*

Deferida ou não a tutela provisória, o relator impulsionará o processo, objetivando deixá-lo pronto para julgamento. Uma séria de atos, alguns pouco usuais, estão sob o direção do relator. Cabe a ele, por

[143] WAMBIER, Teresa Arruda Alvim. *O novo regime do agravo*. 2ª ed. São Paulo: RT, 1996, p. 381-382.
[144] *Ibidem*.

exemplo: a) intimar o recorrente para o suprimento de vício sanável ou para a complementação de documentação, conforme dispõe o art. 932, parágrafo único;[145] b) intimar as partes para que se manifestem acerca de fato superveniente à decisão recorrida ou sobre questão apreciável de ofício ainda não examinada que devam ser consideradas no julgamento do recurso; c) decidir incidente de desconsideração da personalidade jurídica quando este for instaurado originariamente perante o tribunal (art. 932, VI); d) decidir requerimento de concessão da gratuidade da justiça, bem como o pedido de sua revogação, formulados no curso do processo no tribunal.[146]

Destacam-se, todavia, dentre as incumbências do relator, afora a de julgamento singular e a de exame da tutela provisória, já examinadas: a) oportunizar ao recorrido a apresentação de contrarrazões, quando isso ainda não houver ocorrido (*v.g.* na apelação os autos chegarão ao tribunal já com as contrarrazões); b) determinar de ofício ou a pedido das partes a produção de prova (art. 932, I); c) homologar autocomposição das partes; d) abrir vista ao Ministério Público, nas hipóteses cabíveis.

5.1.3.1. Intimação para apresentação de resposta

O art. 9º, ao mencionar que "não se proferirá decisão contra uma das partes sem que ela seja previamente ouvida", consagrou os princípios da não surpresa e do contraditório efetivo, que já vinham sendo observados pela jurisprudência, nada obstante a inexistência de norma explícita em determinados casos (*v.g.* embargos de declaração com efeitos infringentes).[147]

O recorrido, portanto, há de ser ouvido em todos os recursos. Na apelação, conforme o art. 1.010, § 1º, a resposta ao recurso (contrarrazões) será apresentada ainda no juízo de primeiro grau. O mesmo ocorre no RE, no REsp (art. 1.030) e no Agravo em RE e REsp (art. 1.042, § 3º): as contrarrazões serão apresentadas ainda no tribunal recorrido, perante o seu presidente ou vice-presidente.

---

[145] Conforme Sergio Gilberto Porto, "a ideia do CPC é permitir seja deferida oportunidade à parte a fim de que esta possa corrigir eventual equívoco de pequena repercussão e, como consequência, possa igualmente o Poder Judiciário dar maior atenção à solução do conflito de interesses posto à apreciação . Com efeito, o art. 4º, em sintonia com essa ideia, é claro ao estabelecer que as partes tem o direito de obter em prazo razoável a solução integral do mérito" (PORTO, Sérgio Gilberto. *Processo Civil contemporâneo*: elementos, ideologia e perspectivas, Salvador: Juspodivm, 2018, p. 121-122).

[146] DIDIER JR., Fredie; CUNHA, Leonardo José Carneiro da. *Curso de Direito Processual Civil*, v. 3. 13ª ed., Juspodivm: Salvador, 2016, p. 52.

[147] AMARAL, Guilherme Rizzo. *Comentários às alterações do novo CPC*. São Paulo: Revista dos Tribunais, 2015, p. 1.040.

Entretanto, no agravo de instrumento (art. 1.019, II), nos embargos de declaração (art. 1.022, § 2º) opostos de decisão proferida pelo tribunal e no agravo interno (art. 1.021, § 2º), o relator deverá intimar o recorrido para que, querendo, apresente resposta.

Em relação ao agravo de instrumento, o inciso II do art. 1.019, por exemplo, dispõe que o relator deverá, no prazo de 5 (cinco) dias, ordenar "a intimação do agravado pessoalmente, por carta com aviso de recebimento, quando não tiver procurador constituído, ou pelo Diário da Justiça ou por carta com aviso de recebimento dirigida ao seu advogado, para que responda no prazo de 15 (quinze) dias, facultando-lhe juntar a documentação que entender necessária ao julgamento do recurso".

Ao tratar do agravo interno, o § 2º do art. 1.021 determina que o relator intime o agravado para se manifestar no prazo de 15 (quinze) dias. No que tange aos embargos de declaração, o § 2º do art. 1.023 impõe a intimação do embargado para se manifestar, no prazo de 5 (cinco) dias, naqueles casos em que o eventual acolhimento implique modificação da decisão embargada (ou seja, quando houver efeitos infringentes ou modificativos).

5.1.3.2. Produção de provas

O art. 370 assegura a qualquer julgador (independentemente da instância) o poder determinar a produção de provas de ofício ou a requerimento da parte, bastando que ele as repute necessárias ao julgamento do mérito e que respeite os princípios norteadores do processo civil, notadamente a fundamentação, o contraditório e o tratamento igualitário das partes.

Não há razão para se restringir a produção de provas ao juiz de primeiro grau, sob pena de reduzir a função jurisdicional do tribunal. "Se a causa há de ser rejulgada no procedimento recursal, não se pode retirar do órgão *ad quem* a possibilidade de produzir provas que fundamentem o seu convencimento",[148] sob pena de se admitir a entrega de uma inadequada e inefetiva tutela jurisdicional.[149]

O art. 932, I, ao incumbir o relator de dirigir e ordenar o processo no tribunal, "inclusive em relação à produção de provas", afasta qualquer dúvida que poderia se ter acerca do cabimento da realização de provas no tribunal, mesmo em grau recursal.

---

[148] DIDIER JR., Fredie; CUNHA, Leonardo José Carneiro da. *Curso de Direito Processual Civil*, v. 3. 13ª ed. Juspodivm: Salvador, 2016, p. 47.

[149] CARPES, Artur. *Ônus dinâmico da prova*. Porto Alegre: Livraria do Advogado, 2010, p. 87.

Os poderes instrutórios do relator no âmbito recursal ganham destaque quando se trata de comprovar alegações fáticas que não haviam sido ventiladas no processo. Conforme dispõe o art. 1.014, "as questões de fato não propostas no juízo inferior poderão ser suscitadas na apelação, se a parte provar que deixou de fazê-lo por motivo de força maior". Nessas situações, admitindo o relator as alegações fáticas inéditas, deverá, por corolário, permitir que sejam elas comprovadas.

Contudo, não apenas quando se tratar de questões de fato ainda não debatidas no processo que estará o relator autorizado a requisitar ou a deferir o pedido de produção de provas. Conforme se extrai do art. 370, o relator poderá fazê-lo sempre que perceber a ausência de prova necessária para o deslinde de controvérsia relevante da lide.

Com efeito, a "tutela jurisdicional efetiva depende da adequada formação do juízo de fato, na medida em que, em não sendo corretamente acertados os fatos com os quais irá trabalhar o juiz, evidentemente não será possível falar em adequada e efetiva tutela jurisdicional. A falha na formação do juízo de fato obstaculiza a adequada tutela do direito".[150]

Nada obstante seja a prova documental a mais comum de ser produzida no âmbito das Cortes, configura-se admissível a produção de qualquer meio de prova, observando-se o procedimento previsto em lei.

A produção da prova, por exemplo, poderá ocorrer tanto em primeiro grau de jurisdição, em atendimento a uma carta de ordem (arts. 236, § 2º, e 237), como no próprio tribunal, quanto pelo relator, em gabinete, ou mesmo pelo órgão colegiado em sessão de julgamento.[151]

A prova pericial, reconhecida a sua necessidade, "pode ser deferida pelo relator, com a designação de perito para confeccionar laudo técnico". E "caso haja a necessidade de esclarecimento sobre fato relevante ao julgamento do recurso, o relator poderá valer-se da inspeção judicial (...), em que haverá participação das partes, e ao final será lavrado auto circunstanciado contendo as constatações relevantes".[152]

Pertinente, contudo, a advertência, do Superior Tribunal de Justiça, de que não se revela possível o "julgador suprir a deficiência probatória da parte, violando o princípio da imparcialidade, mas, por óbvio, diante da dúvida surgida com a prova colhida nos autos, compete-lhe aclarar os pontos obscuros, de modo a formar adequadamente sua

---

[150] CARPES, Artur. *Ônus dinâmico da prova*. Porto Alegre: Livraria do Advogado, 2010, p. 87.

[151] DIDIER JR., Fredie; CUNHA, Leonardo José Carneiro da. *Curso de Direito Processual Civil*, v. 3. 13ª ed. Salvador: Juspodivm, 2016, p. 48.

[152] AMARAL, Paulo Osternack. Produção de provas em fase recursal. *Revista Jurídica da Escola Superior de Advocacia da OAB-PR* – Edição Especial – Ano 3 – Número 1 – Maio de 2018.

convicção, devendo, contudo, ser assegurada a garantia do contraditório".[153]

O indeferimento do pedido de produção de provas, tal qual qualquer decisão judicial, há de ser devidamente fundamentado (art. 370, parágrafo único). O direito à produção de provas é direito fundamental,[154] derivado do direito fundamental ao devido processo legal,[155] de sorte que "é corolário lógico o reconhecimento de que o afastamento de tal direito somente se pode dar em decisão devidamente fundamentada, na qual se contraponha àquele direito a inadmissibilidade da prova. Conjugam-se, assim, o direito fundamental à prova e o dever de motivação das decisões judiciais".[156]

Admissível, nos termos do art. 1.021, a interposição de agravo interno para impugnar a decisão do relator que indefere pedido de produção de provas.

5.1.3.3. Homologação de autocomposição das partes

O Código incentiva intensamente a autocomposição, que consiste na solução consensual das partes em conflito, que se pode dar por transação, submissão ou renúncia ao direito.

Isto resta evidenciado pelo art. 3º, § 3º, que menciona que "a conciliação, a mediação e outros métodos de solução consensual de conflitos deverão ser estimulados por juízes, advogados, defensores públicos e membros do Ministério Público, inclusive no curso do processo judicial", assim como pelo art. 139, V, que dispõe que incumbe ao juiz "promover, a qualquer tempo, a autocomposição, preferencialmente com auxílio de conciliadores e mediadores judiciais".

Os tribunais, inclusive, devem criar e manter "centros judiciais de solução consensual de conflitos, responsáveis pela realização de sessões e audiências de conciliação e mediação e pelo desenvolvimento de

[153] STJ-2ª Turma, REsp 1818766/AM, Rel. Ministro Herman Benjamin, j. 20/08/2019, DJe 18/10/2019.

[154] OLIVEIRA, Carlos Alberto de; MITIDIERO, Daniel. *Curso de Porcesso Civil*, v. 1. São Paulo: Atlas, 2010, p. 45.

[155] Conforme Guilherme Atayde Porto "em um verdadeiro Estado Constitucional, só se fala em processo justo quando se permite que as partes exerçam seus direitos de forma ampla, sem restrições. Resta evidente, mais uma vez, que a prova exerce função essencial. Hoje, já não há como negar o caráter de direito fundamental, ainda ms emu ma interpretação sistemática, à luz da Constiuição Federal" (PORTO, Guilherme Athayde. *Formação da coisa julgada e prova produzida*: uma perspectiva do processo coletivo para o individual. Porto Alegre: Livraria do Advogado, 2015, p. 35).

[156] AMARAL, Guilherme Rizzo. *Comentários às alterações do novo CPC*. São Paulo: Revista dos Tribunais, 2015, p. 494.

programas destinados a auxiliar, orientar e estimular a autocomposição" (art. 165).

Compreende-se do inciso I do art. 932 que o relator também está inserido entre os atores que devem estimular a solução consensual. E, caso seja esta bem-sucedida, compete a ele consumar a autocomposição, homologando-a por decisão monocrática.

Não se mostra adequado, portanto, que o processo seja encaminhado ao primeiro grau para que lá seja realizada a homologação, como por vezes acontecia na vigência do CPC/73. A autocomposição há de ser realizada no próprio tribunal, podendo contar com o auxílio de um profissional especializado, que pode ser um conciliador ou um mediador (art. 165, §§ 2º e 3º).

Também não é correto levar o processo ao órgão colegiado para que decida pela homologação. Em homenagem à efetividade, tudo será feito no âmbito do tribunal, singularmente pelo relator.

5.1.3.4. Intervenção do Ministério Público

A intimação do Ministério Público, na dicção do inciso VIII do art. 932, será determinada pelo relator "quando for o caso". O art. 178 determina que o Ministério Público seja intimado para, no prazo de 30 (trinta) dias, intervir como fiscal da ordem jurídica nas hipóteses previstas em lei ou na Constituição Federal e nos processos que envolvem: i) interesse público e social; ii) interesse de incapaz; iii) litígios coletivos pela posse de terra rural ou urbana.

O prazo flui da intimação pessoal do Ministério Público (art. 180, *caput*), isto é, a partir da carga, remessa (passando a contar, de fato, a partir da entrada no protocolo do órgão ministerial) ou meio eletrônico (art. 183, § 1º, aplicável também ao Ministério Público, conforme determina o art. 180, *caput*).

A ausência de intimação do Ministério Público nas hipóteses em que a intervenção é mandatória conduz, nos termos do art. 279, *caput*, à nulidade do feito. A nulidade, contudo, só há de ser decretada após a intimação do órgão ministerial e a manifestação deste acerca da existência ou da inexistência de prejuízo (art. 279, § 2º). Convém ressaltar que o STJ consolidou o entendimento de que intimação do Ministério Público para funcionar como fiscal da lei, não dá ensejo, por si só, à nulidade processual, devendo ser comprovado o efetivo prejuízo.[157] E a participação do Ministério Público nos debates orais por ocasião da sessão de julgamento, oferecendo parecer oral, arreda eventual

[157] STJ-2ª Turma, AgInt no REsp nº 1.689.653 – PR, Rel. Min. Mauro Campbell, j. 19.02.2019.

prejuízo pela falta de vista,[158] a menos que a manifestação do Procurador de Justiça seja exclusivamente para suscitar o vício e solicitar vista dos autos.

5.1.4. Elaboração do relatório e voto pelo relator

Concluída a instrução, prossegue-se com o julgamento do recurso (art. 938, § 3º). O relator, então, examinará o caso, elaborará o seu voto e, após, restituirá os autos à secretaria com relatório,[159] que deverá conter a exposição dos pontos controvertidos do recurso (o mesmo é exigido para as causas de competência originária), "de forma que os demais componentes do grupo que irá julgar possam ter uma referência quando passarem ao estudo da causa".[160]

Lição antiga diz ainda que "num âmbito moral, serve o relatório, ainda, para mostrar que o juiz leu o processo e fixou-lhe as circunstâncias capitais. Bem haver estudado a causa é uma das condições para bem a julgar".[161]

No que tange ao seu conteúdo, o relatório deve conter a exposição da matéria controvertida pelas partes e daquelas que, de ofício, possam vir a ser objeto de julgamento. Exatamente nesse sentido dispõe o art. 207 do RITJRS.[162]

O voto não carece de encaminhamento prévio, pois poderá ser alterado até o momento em que seja proferido o resultado do julgamento. Nada obstante, tem-se tornado habitual, dada a informatização, que o relator o disponibilize previamente aos seus pares na rede interna de comunicação. Como observa Araken de Assis, produziu a tecnologia profícuos resultados na rotina judicial em diversos aspectos e, "neste em particular, nota-se radical mudança. A todos os julgamentos, no tribunal, usualmente antecede ampla distribuição de cópias da exposição e do voto do relator. Os integrantes do colégio preparam votos

---

158 ASSIS, Araken de. *Manual dos Recursos*. 8ª ed. São Paulo: Revista dos Tribunais, 2016, p. 368.

159 O CPC/73 (art. 549) mencionava que o relator devolveria os autos à secretaria com o seu "visto", o que não foi reproduzido no art. 931. Conforme Pontes de Miranda, "o visto é a comunicação de conhecimento, feita pelo juiz, de que examinou os autos" (PONTES DE MIRANDA, Francisco Cavalcanti. *Comentários ao Código de Processo Civil*, t. VIII: arts. 539 a 565. Rio de Janeiro: Forense, 2001, p. 203).

160 NERY JUNIOR, Nelson; NERY, Rosa Maria de Andrade. *Comentários ao Código de Processo Civil*. São Paulo: Revista dos Tribunais, 2015, p. 1848-9.

161 GUIMARÃES, Mário. *O Juiz e a Função Jurisdicional*. Rio de Janeiro: Forense, 1958, p. 342.

162 Pontes de Miranda refere que por se tratar de nulidade não-cominada, se houver a ausência de exposição dos pontos controvertidos e não houver qualquer alegação de nulidade, ou tendo esta sido arguida o tribunal entende que a questão esta suficientemente esclarecida, não se decreta a nulidade, sendo aplicável o art. 244 [CPC/73] (PONTES DE MIRANDA, *loc. cit.*, p. 204).

divergentes com bom tempo de antecedência. Assim, o desfecho do julgamento nenhuma surpresa reserva aos seus participantes".[163]

Suprimindo uma omissão do seu predecessor, o atual Código de Processo Civil, no art. 931, estabeleceu que o relator deverá elaborar o relatório e o seu voto no prazo de 30 (trinta) dias. O RITJRS, seguindo a mesma linha, determina, em seu art. 206, XV, que compete ao relator "encaminhar os autos à Secretaria com relatório, depois de elaborar o voto, no prazo de 30 (trinta) dias depois da conclusão".

O RITJSP, também em consonância com o Código de Processo Civil, estipula que "o prazo para exame dos autos e elaboração de voto pelo relator e pelo revisor, quando houver, é de trinta dias, salvo se outro for estabelecido" (art. 172).

Em relação ao agravo de instrumento, há dispositivo específico que dispõe que o relator solicitará dia para julgamento em prazo não superior a 1 (um) mês da intimação do agravado. Esse prazo, em determinados casos, de antemão já se mostra de cumprimento impossível. Com efeito, é de 15 (quinze) dias o prazo para responder ao agravo de instrumento, podendo chegar a 30 (trinta) dias quando houver agravados com advogados integrantes de escritórios diferentes. "Ao prazo da resposta cumpre acrescentar o prazo de quinze dias para a manifestação do Ministério Público – frequentemente descumprido –, a teor do art. 1.019, III. A soma desses interregnos ultrapassa o mês previsto na regra, desprezando o interregno imprescindível para o relator examinar os autos e elaborar seu voto (art. 931)".[164]

De qualquer sorte, por se configurarem como prazos impróprios, a sua não observância por parte do relator não gera qualquer consequência para o processo.[165] Podem advir apenas efeitos na esfera administrativa disciplinar, o que é incomum.[166]

Tratamento diverso recebem os embargos de declaração. Conforme dispõe o art. 1.024, § 1º, "nos tribunais, o relator apresentará os embargos em mesa na sessão subsequente, proferindo voto, e, não havendo julgamento nessa sessão, será o recurso incluído em pauta automaticamente".

---

[163] ASSIS, Araken de. *Manual dos Recursos*. 8ª ed. São Paulo: Revista dos Tribunais, 2016, p. 383.

[164] *Idem*, p. 658-659.

[165] AMARAL, Guilherme Rizzo. *Comentários às alterações do novo CPC*. São Paulo: Revista dos Tribunais, 2015, p. 1034.

[166] Elaine Harzheim Macedo diz tratar-se de "fetiche da lei, como se todas mazelas pudessem ser resolvidas via legislativa" (MACEDO, Elaine Harzheim. *Novo Código de Processo Civil anotado*, anotações aos arts. 929 a 946. Porto Alegre: OAB RS, 2015, p. 701).

5.1.5. *Revisão*

Dispunha o art. 551 do CPC/73[167] que quando se tratasse de apelação, embargos infringentes ou ação rescisória, após o relator fazer a exposição dos pontos controvertidos (relatório), os autos deveriam ir conclusos ao revisor.

Ao revisor competia examinar os autos, sugerir medidas ordinárias do processo que houvessem sido omitidas, confirmar, completar ou retificar o relatório e, por fim, pedir dia para julgamento, isto é, solicitar ao presidente do órgão colegiado em que será julgado o recurso que inclua o feito na pauta.

A prática, contudo, demonstrou que a figura do revisor era um formalismo de insignificante proveito.[168] Dado o volume de trabalho e a existência de inúmeras causas repetitivas e a harmonização de entendimentos entre os membros dos colegiados, no mais das vezes não havia efetiva revisão.

Em verdade, o relator encaminhava o relatório e o seu projeto de voto ao revisor, que apenas solicitava os autos quando sentisse necessidade de exame mais acurado do caso. E essa solicitação de autos rareava a medida em que a confiança entre os membros do órgão se ampliava e que entendimentos se alinhavam.

Decerto, por conta disso, o atual Código não previu a figura do revisor. Com efeito, não há determinação de que os autos sejam encaminhados a outro membro do colegiado para que os examine e concorde ou não com a exposição lançada pelo relator.

O art. 931 deixa claro que o relator, após elaborar o seu voto, restituirá os autos à secretaria com o relatório que, em seguida, nos termos do art. 934, os apresentará ao presidente para que designe dia de julgamento.

Optou o legislador, portanto, por abolir a figura do revisor, de sorte a imprimir maior celeridade na tramitação dos processos nos tribunais.[169]

---

[167] Art. 551. Tratando-se de apelação, de embargos infringentes e de ação rescisória, os autos serão conclusos ao revisor. § 1º Será revisor o juiz que se seguir ao relator na ordem descendente de antigüidade. § 2º O revisor aporá nos autos o seu "visto", cabendo-lhe pedir dia para julgamento. § 3º Nos recursos interpostos nas causas de procedimentos sumários, de despejo e nos casos de indeferimento liminar da petição inicial, não haverá revisor.

[168] Barbosa Moreira há muito já sugeria que a dispensa de revisão, então prevista para as causas de procedimento sumário, fosse estendida a outras hipótese. Referiu ele em seus comentários ao art. 551 do CPC/73: "sempre nos pareceu conveniente, de lege ferenda, com o fito de abreviar o curso do processo em grau superior de jurisdição, estender a dispensa da revisão a outros casos, além do previsto no primitivo § 3º do dispositivo ora em exame" (MOREIRA, José Carlos Barbosa. *Comentários ao código de processo civil*, vol. V. 14ª ed. Rio de Janeiro: Forense, 2008, p. 656).

[169] BUENO, Cassio Scarpinella. *Manual de direito processual civil*: inteiramente estruturado à luz no Novo CPC, de acordo com a Lei n. 13.256, de 4-2-2016. 2ª ed. São Paulo: Saraiva, 2016, p. 609.

Adverte-se, contudo, que em determinadas hipóteses podem os regimentos internos[170] dos tribunais instituir a revisão. É o caso dos recursos originários das execuções fiscais, tendo em vista que o art. 35 da Lei 6.830/80 prevê essa possibilidade. E havendo a previsão de revisão, a sua ausência constitui motivo de nulidade.[171]

5.1.6. Vinculação dos juízes ao processo

O § 3º do art. 552 do CPC/73 dispunha que o juiz que houvesse lançando "visto" nos autos, na qualidade de relator ou na de revisor, ficaria vinculado ao processo,[172] tornando-se obrigatória sua participação no julgamento, sob pena de nulidade.[173]

Desta forma, convertido o julgamento em diligência, por exemplo, quando retornasse à pauta, deveria ser julgado pelos juízes (desembargadores) que houvessem aposto o seu "visto" nos autos, salvo força maior.

No atual Código de Processo Civil, com o desaparecimento da figura do revisor, a norma perdeu, em boa medida, a importância, de sorte que não foi expressamente repetida. Nem por isso, contudo, a vinculação de juízes a determinados processos, em dadas circunstâncias, deixou de existir.

Decerto, o relator que, após elaborar seu voto, houver restituído os autos a secretaria com relatório, deverá participar do julgamento, salvo força maior. Tal qual era determinado no Código anterior, o atual prevê que caso haja conversão do julgamento em diligência, retornados os autos, o mesmo relator deverá prosseguir no julgamento (art. 938, § 2º).

Deverá, também, o relator ou redator do acórdão esclarecê-lo ou integrá-lo na hipótese de oposição de embargos de declaração. Ficarão vinculados, outrossim, os juízes que tiverem proferido voto em julgamento adiado, nos termos do art. 940, ou estendido, conforme art. 942.

---

[170] Convém lembrar que no CPP a revisão permanence vigente.

[171] ASSIS, Araken de. *Manual dos Recursos*. 8ª ed. São Paulo: Revista dos Tribunais, 2016, p. 350. Assim entendeu o STJ em mais de uma ocasião, como, *v.g*, nos julgamentos dos REsp. 24.218-0-RS, da relatoria do Exmo. Min. Luiz Fux, e 250.106-DF, relator o Exmo. Min. Paulo Galloti. No mesmo sentido: MOREIRA, José Carlos Barbosa. *Comentários ao Código de Processo Civil*. vol. V. 14ª ed. Rio de Janeiro: Forense, 2008, p. 655.

[172] Alguns regimentos internos repetem a norma, como o RITJRS que em seu art. 148, I, preceitua que são Juízes vinculados os que tiverem lançado o relatório ou posto o "visto" nos autos, salvo motivo de força maior.

[173] Assim considerou a 4ª Turma do STJ ao julgar o REsp. 11.035-SC, de relatoria do Exmo. Min. Athos Gusmão Carneiro.

O RITJRS, em seu art. 185, prevê diversas hipóteses de vinculação de juízes que podem também ser extraídas do sistema do atual Código de Processo Civil:

> Art. 185. São Juízes vinculados:
>
> I – os que tiverem lançado o relatório ou posto o "visto" nos autos, salvo motivo de força maior;
>
> II – os que já tiverem proferido voto, em julgamento adiado, inclusive em decisões não unânimes (CPC, art. 942);
>
> III – os que tiverem participado de julgamento adiado em virtude de pedido de vista ou de regime de discussão;
>
> IV – os que tiverem participado de julgamento adiado, em virtude de conversão em diligência relacionado com o mérito de arguição de inconstitucionalidade ou de incidente de uniformização de jurisprudência;
>
> V – os Relatores ou redatores do acórdão, nos embargos de declaração e no julgamento de incidentes que devem ser apreciados pela Câmara.

O art. 108 do RITJSP, em linha semelhante, dispõe:

> Art. 108. Será juiz certo:
>
> I – o desembargador com visto nos autos ou que pedir adiamento do julgamento, independentemente do motivo da cessação de sua participação no órgão julgador;
>
> II – o desembargador que tenha tomado parte num julgamento, para o novo a que se proceder, em virtude de conversão em diligência e, sempre que possível, embargos de declaração, qualquer que seja a razão da cessação de sua participação no órgão julgador;
>
> III – o relator do acórdão suscitante, para uniformização da jurisprudência, por proposições de súmulas ou por incidente de resolução de demandas repetitivas, e para assunção de competência;
>
> IV – o relator do acórdão para reexame das decisões na forma do art. 1.040, inciso II, do CPC;
>
> V – o juiz substituto do Tribunal nas condições dos incisos anteriores, mesmo depois de sua promoção;
>
> VI – o Presidente que adiar o julgamento para proferir voto de desempate, embora com mandato findo, mesmo que compareça, em sessão ulterior, desembargador ausente e que pudesse ter participado do julgamento.

A vinculação não cessa em razão de transferência do juiz do órgão colegiado, sendo mantida desde que continue o magistrado no exercício do poder jurisdicional.

A regra, contudo, não é absoluta e cede diante de determinadas circunstâncias, notadamente nos casos de força maior.

A força maior é o fato imprevisível e inevitável que impeça a participação do juiz naquele julgamento, como o falecimento, a aposentadoria, a investidura em tribunal diverso (*v.g.*, STF ou STJ), a moléstia grave,[174] a licença,[175] a superveniência de causa legal de impedimento ou suspeição[176] etc.

Veja-se que o fenômeno da vinculação difere-se da regra de prevenção, prevista pelo parágrafo único do art. 930 do atual Código de Processo Civil, objeto de estudo em capítulo próprio.

5.1.7. Designação de dia para julgamento e publicação da pauta

Nos termos do art. 934, realizadas as providências de atribuição do relator, serão os autos apresentados ao presidente, que designará dia para julgamento, mandando publicar a pauta no órgão oficial.

Importa destacar que, na prática, as coisas passam de forma diversa: os autos, no mais das vezes, sequer saíram do gabinete do relator e menos ainda irão ao gabinete do Presidente. Tudo se dá de forma virtual e em alinhamento entre a secretaria do órgão fracionário e os gabinetes do relator e do Presidente. "Por sugestão do relator (*rectius*: dos servidores do gabinete), a secretaria encarrega-se da elaboração da pauta, e, *a fortiori,* da respectiva publicação".[177] O Presidente do órgão raramente se envolve no ato para, por exemplo, coibir uma inclusão em pauta, limitando-se à execução das medidas que lhes são inafastáveis.

Ademais, em alguns tribunais, é o próprio relator que já indica a sessão em que julgará o feito, limitando-se o Presidente a apenas formalizar o ato para que pareça de acordo com o art. 934.

Nada obstante o art. 934 determine que a sistemática de inclusão em pauta e publicação seja observada em relação a todos os recursos,[178] o art. 1.024, § 1º, dispensa a publicação quando se tratar de embargos de declaração levados para julgamento na sessão subsequente àquela em que proferido o acórdão embargado. Isso nem sempre é possível, tendo em vista que às vezes se faz necessária a intimação do embargado para responder, conforme manda o § 2º do art. 1.023.

A pauta de julgamento, nos termos do art. 935, deve ser publicada com pelo menos 5 (cinco) dias de antecedência da sessão de julgamento. Não observado tal prazo, o julgamento será nulo (Súmula 117 do STJ),

---

174 ASSIS, Araken de. *Manual dos Recursos.* 8ª ed. São Paulo: Revista dos Tribunais, 2016, p. 382.

175 FADEL, Sérgio Sahione. *Código de Processo Civil comentado,* t. III. Rio de Janeiro: José Konfino Editor, 1974, p. 205.

176 MOREIRA, José Carlos Barbosa. *Comentários ao Código de Processo Civil,* vol. V, 14ª ed. Rio de Janeiro: Forense, 2008, p. 660.

177 ASSIS, Araken de. *Manual dos Recursos.* 8ª ed. São Paulo: Revista dos Tribunais, 2016, p. 350.

178 AMARAL, Guilherme Rizzo. *Comentários às alterações do novo CPC.* São Paulo: Revista dos Tribunais, 2015, p. 956.

a menos que as partes compareçam, por seus advogados, espontaneamente, na sessão de julgamento.

Também será nulo o julgamento se houver incorreções na publicação da pauta, como, *v.g.*, omissão do nome do advogado, erro na data da sessão etc.[179] Todavia, não se invalidará julgamento quando favorável o resultado ao litigante que tivera seu nome ou o de seu advogado constando de forma equivocada na pauta de julgamento.[180]

A pauta, consoante o § 2º do art. 935, há de ser afixada na entrada da sala em que se realizar a sessão de julgamento. Não há nulidade, contudo, pela mera inobservância de tal determinação, a menos que comprove o advogado que sua ausência na sessão se deu em razão dessa omissão.[181]

Por fim, o trânsito em julgado faz precluir a apreciação de qualquer dos defeitos pertinentes à pauta de julgamento; cabendo, entretanto, conforme a hipótese, ação rescisória.[182]

Em que pese publicada a pauta, designando dia para o julgamento, não haverá nulidade caso este seja adiado para outra sessão,[183] já que se terá respeitado o prazo dilatório.

Com intuito de eliminar qualquer alegação de surpresa, os tribunais costumam fazer conter nas pautas que publicam o aviso de que julgarão os feitos delas constantes e mais os que, incluídos em pautas anteriores, não tenham sido julgados.

5.1.8. Distribuição de cópias do relatório

Consoante o art. 971, "na ação rescisória, devolvidos os autos pelo relator, a secretaria do tribunal expedirá cópias do relatório e as distribuirá entre os juízes que compuserem o órgão competente para o julgamento".

No incidente de inconstitucionalidade, conforme determina o art. 950, cópias do acórdão – portanto incluído aí o relatório – devem ser remetidas a todos os julgadores.

[179] STJ-3ª Turma, Resp. 30.085-3-PE, rel. Mim. Eduardo Ribeiro. Na mesma linha: MOREIRA, MOREIRA, José Carlos Barbosa. *Comentários ao Código de Processo Civil*, vol. V. 14ª ed. Rio de Janeiro: Forense, 2008, p. 658.

[180] *Ibidem.*

[181] Neste sentido: FERREIRA FILHO, Manuel Caetano. *Comentários ao Código de Processo Civil*. São Paulo: RT, 2001. v. 7, p. 371.

[182] MOREIRA, *loc. cit.*, p. 659.

[183] Desde que se trate de sessão ordinária, ou seja, realizada em dia que normalmente se reúne o órgão colegiado. Tratando-se de sessão extraordinária, há que se obedecer ao prazo do § 2º. Assim: BERMUDES, Sérgio. *Comentários ao Código de Processo Civil*, vol. 7. 2ª ed. São Paulo: Revista dos Tribunais, 1977, p. 361.

Também no julgamento dos recursos extraordinários e especiais repetitivos, conforme dispõe o § 2º do art. 1.038, cópias do relatório devem ser disponibilizadas a todos os ministros.

São todas hipóteses que, na ótica do legislador, haveria maior relevância no julgamento.[184] Desta forma, com esta regra pretendeu-se permitir a todos os juízes que tomarão parte no julgamento, o prévio conhecimento das questões trazidas a exame. A não observância do preceito não dará ensejo à nulidade. Sentindo-se apto para julgar, mesmo sem ter recebido a cópia, assim deverá fazê-lo o julgador. Caso contrário, comunicará que não recebeu a cópia e requisitará o adiamento do julgamento.[185]

Certo é, todavia, que atualmente, com a informatização das sessões de julgamento e com a facilidade de transferência de informações entre os membros dos colegiados, dificilmente esta falta deverá ocorrer.

Em realidade, nos dias de hoje, não só nos casos acima referidos, mas em todos os julgamentos colegiados, tem-se o hábito da disponibilização pelo relator no sistema de informática do relatório e do projeto de voto a todos os componentes do órgão, mesmo porque, por vezes, o julgamento será virtual.

5.1.9. Atendimento dos magistrados aos advogados

Preocupam-se os mais diligentes advogados, especialmente tratando-se de casos de maior relevância e que demandem urgência, em entregar pessoalmente petições aos juízes, aproveitando a ocasião para uma breve exposição do caso e dos seus argumentos.[186]

Nos tribunais, tal diligência é ainda mais usual. Como ressalta experiente advogado, "sempre foi e é costume, no meio forense paulista a entrega pessoal de memorial aos integrantes da Turma julgadora".[187]

---

[184] ASSIS, Araken de. *Manual dos Recursos*. 8ª ed. São Paulo: Revista dos Tribunais, 2016, p. 382-383.

[185] FERREIRA FILHO, Manuel Caetano. *Comentários ao código de processo civil*. São Paulo: RT, 2001. v. 7, p. 369. Na mesma linha: BERMUDES, Sérgio. *Comentários ao Código de Processo Civil*, vol. 7. 2ª ed. São Paulo: Revista dos Tribunais, 2ª ed., 1977, v. 7, p. 376.

[186] Como disse Adalberto Kaspary, "em toda profissão a palavra pode ser útil, inclusive necessária. No mundo do Direito, ela é indispensável. *Nossas ferramentas não são mais que palavras* disse o jurista italiano Carnelutti. Todos empregam palavras para trabalhar, mas, para o jurista, elas são precisamente a matéria-prima de sua atividade. As leis são feitas com palavras, como as casas são feitas com tijolos. O jurista, em última análise, não lida com fatos, diretamente, mas com palavras que denotam ou pretendem denotar esses fatos. Há, portanto, uma parceria essencial entre o Direito e a Linguagem" (KASPARY, Adalberto J. *Linguagem do Direito*, disponível em: <www.espacovital.com.br>, acesso em 30.06.2003).

[187] CRUZ E TUCCI, José Rogério. *A lição de Calamandrei, os vasos comunicantes e o direito do advogado ser recebido pelo Magistrado*, Revista do Advogado, nº 100, São Paulo: AASP, 2008, p. 66-69.

Nos demais Estados brasileiros não é diferente.

Decerto, a presença do advogado que bem articule os seus argumentos é poderosa arma em favor da parte, por mais que neguem os magistrados, sob o argumento de que "tudo aquilo que é dito, deve estar escrito e, estando escrito, será considerado".

De toda sorte, não é por cortesia e nem em homenagem à tradição ou ao costume que os magistrados integrantes dos tribunais devem atender aos advogados, mas sim por expressa disposição legal.

A LOMAN (LC nº 35/1979), em seu art. 35, IV, preceitua ser dever do Magistrado "atender os que o procurarem a qualquer momento, quando se trate de providência que reclame e possibilite solução de urgência".

Muito mais amplo é o art. 7º, VIII, da Lei nº 8.906/94 (Estatuto da Advocacia). que dispõe ser direito do advogado "dirigir-se diretamente aos Magistrados nas salas e gabinetes de trabalho, independentemente de horário previamente marcado ou outra condição, observando-se a ordem de chegada".

Nada obstante o comando legal, queixam-se os advogados com frequência da inacessibilidade aos magistrados.

José Rogério Cruz e Tucci desabafou em artigo:[188]

> Chegando aos 30 anos de exercício da profissão e diante deste cenário desolador, tem-me causado imensa perplexidade certo comportamento crescente de alguns Magistrados, de inequívoca tendência reacionária, que se recusam a receber Advogado em seu respectivo gabinete de trabalho. Alguns conhecidos Desembargadores agem, até, com inescondível hipocrisia, quando, por meio de seus assessores, designam data e horário ao Advogado, desde que este esteja acompanhado do Procurador da outra parte!

E as reclamações parecem não ser infundadas, prova disto é a manifestação do Conselho Nacional de Justiça (CNJ), que consignou ser o Magistrado "sempre obrigado a receber Advogados em seu gabinete de trabalho, a qualquer momento durante o expediente forense, independentemente da urgência do assunto, e independentemente de estar em meio à elaboração de qualquer despacho, decisão ou sentença, ou mesmo em meio a uma reunião de trabalho. Essa obrigação se constitui em um dever funcional previsto na Loman e a sua não observância poderá implicar em responsabilização administrativa".[189]

O Superior Tribunal de Justiça também já foi provocado a se manifestar acerca do assunto em algumas oportunidades. Em uma delas, explicitou que é ilegal e inconstitucional a delimitação de horário para

[188] CRUZ E TUCCI, José Rogério. A lição de Calamandrei, os vasos comunicantes e o direito do advogado ser recebido pelo Magistrado. *Revista do Advogado*, nº 100, São Paulo: AASP, 2008, p. 66-69.

[189] Pedido de providências nº 1.465, Cons. Marcus Faver, j. 4-6-2007.

atendimento aos advogados, podendo caracterizar abuso de autoridade. Nos termos do precedente, a "interpretação da legislação infraconstitucional é clara ao determinar a obrigatoriedade de o magistrado atender aos advogados que o procurarem, a qualquer momento, o que é reforçado pela prerrogativa legal que permite ao advogado a liberdade necessária ao desempenho de suas funções, as quais não podem ser mitigadas por expedientes burocráticos impostos pelo Poder Público".[190]

Destarte, atender aos advogados é dever funcional dos magistrados. E não basta ao juiz receber o advogado, devendo, decerto, tratá-lo com urbanidade. O problema não é novo e nem exclusivo do direito pátrio. Em meados do século passado, já alertava respeitado jurista italiano que o "juiz que falta ao respeito devido ao advogado, ignora que beca e toga obedecem à lei dos vasos comunicantes: não se pode baixar o nível de um, sem baixar igualmente o nível do outro".[191]

Conduta não menos cordial e urbana é, evidentemente, exigida do advogado. Decerto, "respeito se paga na mesma proporção em que se pede".[192]

É verdade "que o processo é o campo onde se representa uma das cenas mais agitadas e complexas da vida social. Campo aberto a todas as paixões humanas",[193] o que, por vezes, dificulta a "paz processual".

Contudo, com cordialidade e urbanidade, ganham todos: o advogado cumpre sua missão, e o magistrado, além de respeitar a lei, aproveita o momento para melhor compreender o caso e os argumentos das partes, sendo induvidoso que isso em nada abalará sua imparcialidade.

5.2. Fase intermediária

5.2.1. Julgamento em sessão do órgão colegiado

À hora designada para a sessão, ocupados os lugares pelos membros do tribunal, o Presidente, se houver número legal, declarará aberta a sessão.

Os tribunais, em regra, disciplinam a organização geográfica dos lugares à mesa de julgamento e na sala de sessão. O RITJRS, por exem-

---

[190] STJ – T1, RMS 18296/SC, Rel. Min. Denise Arruda, DJ 04.10.07.

[191] CALAMANDREI, Piero. *Eles, os Juízes, vistos por nós, Advogados*. 2ª ed. Lisboa: Clássica Ed., 1943, p. 54.

[192] Samuel Johnson, crítico e romancista inglês, 1709-1784. No original, em inglês: "Respect is often paid in proportion as it is claimed".

[193] SANDOVAL, Ovídio Rocha Barros. *O Poder Judiciário brasileiro a partir da independência*. São Paulo: RT, 1978, p. 97.

plo, em seu art. 194, diz que "o Presidente ocupará o centro da mesa, o Desembargador mais antigo, a primeira cadeira da direita, seu imediato, a da esquerda, e assim sucessivamente. Aos Desembargadores, seguir-se-ão os Juízes convocados. O órgão do Ministério Público ficará na mesa, à direita do Presidente, e os advogados ocuparão os lugares que lhes forem reservados".

Trata-se, contudo, de mera questão organizacional, de livre determinação pelos regimentos internos, desde que, decerto, respeitadas as prerrogativas e garantias.

Os membros do Ministério Público, por exemplo, nos termos do art. 41, XI, da Lei Orgânica do Ministério Público, têm a prerrogativa de "tomar assento à direita dos Juízes de primeira instância ou do Presidente do Tribunal, Câmara ou Turma". A atuação do Ministério Público como autor não prejudica referido direito, porquanto, também nesta condição está no exercício das suas funções.[194]

As sessões são públicas e podem, inclusive, ser transmitidas ao vivo, tema que, após altercações acaloradas entre ministros, passou a ensejar controvérsias e inúmeros debates.

Em muitos países, os julgamentos não são públicos.[195] Isto se dá por diversos motivos: os debates são enfadonhos, em geral muito técnicos e incompreensíveis para a maior parte da população. "Na França, as deliberações dos órgãos colegiados são secretas, e o juízes até juram manter sigilo. Nas decisões não se deixa transparecer a existência de eventuais votos discordantes".[196] Na Itália, de igual forma, os julgamentos, além de não serem transmitidos, sequer são públicos.[197] As deliberações são secretas ou reservadas e os juízes obrigados a guardar segredo acerca delas. O público evidentemente conhecerá o resultado do julgamento, mas não a posição de cada julgador. Mesmo na Suprema Corte dos EUA, país distinguido pela defesa das liberdades, os julgamentos sequer podem ser fotografados,[198] quanto mais

---

[194] STJ – 2ª Turma, AgRg na MC 12.417/SP, Rel. Min. João Otávio de Noronha, j. 17/04/2007, DJ 20/06/2007.

[195] O Ministro do STF, aposentado, Carlos Velloso chega a referir: "Não conheço outro país em que haja transmissão ao vivo de sessões de seus tribunais" (O Estado de São Paulo/SP, 20 de maio de 2009).

[196] THAMAY, Rennan Faria Kruger. *Manual de Direito Processual Civil*. 3ª ed. São Paulo: Saraiva, 2017.

[197] FREITAS, Vladmir Passos de. A polêmica da transmissão ao vivo dos julgamentos nos tribunais, Consultor Jurídico, postado em 22 de abril de 2018, disponível em: <http://www.consultor-juridico.com.br>, acesso em 24 de maio de 2020.

[198] Segundo o Ministro aposentado do STF Carlos Velloso, "na Suprema Corte norte-americana os debates são realizados em sessão reservada. E nas sessões públicas não são permitidas nem fotografias. Há quem sustente que esses países estariam errados. Certos estaríamos nós em exibir as entranhas de nossas instituições jurídicas. Certamente esses sábios não admitem as práticas e

televisionados. Públicos são apenas os argumentos orais e o resumo da deliberação.[199]

Em defesa dos julgamentos reservados, argumenta-se que a exposição e a perda do anonimato inflamam os egos, tendem a ameaçar a imparcialidade, a independência e o apuro técnico, atributos imperativos ao Judiciário.[200] Tal qual ocorre com parlamentares e governantes, juízes passam a sofrer pressão direta e pessoal da opinião pública e podem ser constrangidos a decidir com amparo em argumentos não jurídicos para atender ao clamor popular e obter aceitação social. Afora isso, os debates acalorados e por vezes destemperados e vulgares[201] em nada contribuem para a preservação da autoridade da Corte.

Por outro lado, em Supremas Cortes como a do Reino Unido e a do México, os julgamentos também são públicos e transmitidos ao vivo. Afirma-se que com isso se assegura a transparência, permite-se o controle externo indireto dos atos do Poder Judiciário, aproxima-se o povo do Poder Judiciário,[202] potencializa-se o acesso a informação, reforça-se a seriedade do julgamento e contribui-se para a educação da população, que passa a ter melhor compreensão dos seus direitos e da incumbência do Judiciário.[203]

Sem refutar os argumentos contrários à transmissão ao vivo, que de fato são relevantes, decerto o direito à transparência e à informação devem prevalecer na disputa. Como disse o então juiz da Suprema Corte dos EUA Louis Brandeis, não há melhor desinfetante que a luz do sol.[204]

Iniciada a sessão pública, o Presidente, por primeiro, submeterá à aprovação dos demais integrantes do órgão a ata da sessão anterior. Essa sistemática determinada pelo art. 197 do RITJRS não sofre variações substanciais nos tribunais do país.

Passa-se, então, ao julgamento dos processos. O presidente anunciará o julgamento do feito e, em seguida, dará a palavra ao relator para

---

procedimentos em direito comparado. Nós seríamos os censores. Eles os democratas. Na verdade, confundem democracia com democratismo. O que é péssimo" (O Estado de São Paulo/SP, 20 de maio de 2009).

[199] PEÑA, Eduardo Chemale Selistre. Transmissão ao vivo dos julgamentos do STF: a luz do sol é o melhor desinfetante. *Jornal do Comércio de Porto Alegre*, edição de 7 de novembro de 2019.

[200] BERIZONCE, Roberto Omar. Recientes tendencias em la posición del juez. In: *El juez y la magistratura*. Roberto Omar Berizonce (Coord.). Buenos Aires: Rubinzal-Culzoni, 1999, p. 54.

[201] Ministro aposentado do STF Carlos Velloso em entrevista ao jornal *O Estado de São Paulo*, edição de 20 de maio de 2009.

[202] Francisco de Paula Bernardes Junior em entrevista ao jornal *O Estado de São Paulo*, edição de 20 de maio de 2009.

[203] PEÑA, *loc..cit.*

[204] *Ibidem.*

que faça a apresentação da causa e dos pontos controvertidos. Esta exposição objetiva dar conhecimento do objeto do julgamento aos membros do colegiado que não tiveram contato com os autos[205] e mesmo reavivar a memória daqueles que tiveram os autos em mãos,[206] permitindo que votem com maior segurança e qualidade.

A exposição da causa pelo relator tem também o fito de tornar público, mormente para os advogados das partes, o relatório que conduzirá os debates e o julgamento propriamente dito.[207]

O relator não fica adstrito, em sua exposição oral, a pura repetição do que consta no relatório escrito. Pode acrescentar pormenores esclarecedores e deve, se for o caso, proceder a retificações ou suprir omissões relevantes.[208]

Após sua leitura, o relatório será posto em discussão pelo Presidente, podendo quaisquer dos julgadores pedir esclarecimentos ao relator ou mesmo questionar determinados aspectos do relatório.[209]

Em seguida, havendo requerimento e sendo hipótese legal, os advogados do recorrente e do recorrido terão oportunidade de, sucessivamente, pelo período de 15 minutos, sustentarem suas razões, como se verá em ponto específico, abaixo.

Ainda antes do início da votação, sendo hipótese de intervenção do Ministério Público como fiscal da ordem jurídica (art. 178), será dada a palavra ao Procurador de Justiça ou Procurador da República com assento no órgão fracionário, conforme art. 937, *caput*.

Malgrado se possa delinear essa estrutura básica da sessão de julgamento, não raro e cada vez mais comum, a ordem ser subvertida.

Em alguns tribunais, a menos que estejam presentes os advogados das partes, o relator pede dispensa ao Presidente da exposição oral e da leitura do seu voto, passando diretamente ao resultado, tendo em vista que os demais componentes do colegiado já tiveram acesso ao "projeto de acórdão" e, ao menos em tese, têm condições de proferir o voto.

Em outros tribunais, a exemplo do Tribunal de Justiça de São Paulo e do Supremo Tribunal Federal, adota-se o "julgamento virtual", sistema que permite a apreciação dos feitos em ambiente eletrônico, sem levá-los

---

205 PINTO, Nelson. *Código de Processo Civil interpretado.* Antônio Carlos Marcato (Coord.). 3ª ed. São Paulo: Atlas, 2008, p. 1865-1866.

206 MOREIRA, José Carlos Barbosa. *Comentários ao Código de Processo Civil*, vol. 5. 14ª ed. Rio de Janeiro: Forense, 2008, p. 663.

207 FERREIRA FILHO, Manuel Caetano. *Comentários ao Código de Processo Civil*, vol. 7. São Paulo: RT, 2001, p. 372.

208 MOREIRA, *loc. cit.*, p. 663.

209 FERREIRA FILHO, *loc. cit.*, p. 373.

para uma da sessão presencial de julgamento.[210] Neste modelo, utilizado, em regra, quando os julgadores ou os advogados das partes não reivindicam o julgamento presencial,[211] toda a deliberação é feita no ambiente virtual. A partir da inserção pelo relator do seu relatório e voto, o sistema abre a possibilidade de os demais julgadores aderirem ou discordarem do voto do relator, bem como de inserir declaração de voto.[212]

O sistema inegavelmente tem contribuído para a maior celeridade dos julgamentos, mas não é imune a críticas, notadamente porque desestimula o debate, elemento tão caro para o amadurecimento das ideias.

O Ministro Marco Aurélio Mello, por exemplo, um dos críticos ao julgamento virtual, sustenta que o julgamento virtual implica retrocesso, porquanto "plenário virtual não é plenário: o sentido de colegiado é a troca de ideias, é nos completarmos mutuamente".[213]

Para além da questão pertinente à ausência de um debate presencial, há o problema do voto por omissão. Ao menos nas sistemáticas do plenário virtual adotadas pelo Supremo Tribunal Federal e Superior Tribunal de Justiça, o ministro que não se pronunciar num determinado prazo, terá o voto computado como aderindo integralmente ao do relator (art. 2º, § 3º, da Resolução 642/2019 do STF e art. 184-F do RISTJ).

Por fim, em alguns tribunais depara-se com o aspecto da relativização da publicidade. O relatório, o voto e a ementa somente serão tornados públicos depois de concluído o julgamento. Desta forma, os advogados das partes não têm conhecimento dos fundamentos em

---

210 A Resolução 642/2019 do STF: (...) Art. 2º As sessões virtuais serão realizadas semanalmente e terão início às sextas-feiras, respeitado o prazo de 5 (cinco) dias úteis exigido no art. 935 do Código de Processo Civil entre a data da publicação da pauta no DJe, com a divulgação das listas no sítio eletrônico do Tribunal, e o início do julgamento.

211 A Resolução 642/2019 do STF dispõe: Art. 4º. Não serão julgados em ambiente virtual as listas ou os processos com pedido de: I – destaque feito por qualquer ministro; II – destaque feito por qualquer das partes, desde que requerido até 48 (quarenta e oito) horas antes do início da sessão e deferido pelo relator; III – sustentação oral realizado por qualquer das partes, desde que requerido após a publicação da pauta de julgamento e até 48 (quarenta e oito) horas antes do início da sessão, cabendo ao relator, nos casos cabíveis, deferir o pedido.

212 A Resolução 624/2019 do STF: art. 2º. (...) § 1º O relator inserirá ementa, relatório e voto no ambiente virtual; iniciado o julgamento, os demais ministros terão até 5 (cinco) dias úteis para se manifestar. § 2º A conclusão dos votos registrados pelos ministros será disponibilizada automaticamente, na forma de resumo de julgamento, no sítio eletrônico do STF. § 3º Considerar-se-á que acompanhou o relator o ministro que não se pronunciar no prazo previsto no § 1º. § 4º A ementa, o relatório e voto somente serão tornados públicos com a publicação do acórdão do julgamento. § 5º O início da sessão de julgamento definirá a composição do Plenário e das Turmas. § 6º Os votos serão computados na ordem cronológica das manifestações. (...) Art. 6º Os ministros poderão votar nas listas como um todo ou em cada processo separadamente. § 1º As opções de voto serão as seguintes: a) acompanho o Relator; b) acompanho o Relator com ressalva de entendimento; c) divirjo do Relator; ou d) acompanho a divergência. § 2º Eleitas as opções b ou c, o ministro declarará seu voto no próprio sistema.

213 Em entrevista concedida à TV Migalhas em 04 de julho de 2016. Disponível em <https://www.migalhas.com.br>.

debate, o que impede, por exemplo, que suscitem uma questão de ordem para esclarecimento de fato ou apontamento de erro material.

Os inconvenientes acima destacados, contudo, não são consequências necessárias do julgamento em ambiente virtual, mas sim do modelo adotado por algumas Cortes, que é de um julgamento que se passa às escuras, não podendo ser efetivamente acompanhado pelas partes e advogados em tempo real. Nenhum dos problemas levantados ocorre em uma sessão de julgamento efetivamente realizada por videoconferência, que por todos pode ser assistida em tempo real e na qual debates entre os julgadores, sustentações orais e questões de ordem são possíveis.

Em diversos tribunais do país têm sido possível aos advogados realizarem sustentações orais e suscitar questões de ordem por vídeo, sem estarem presencialmente na sessão. O Supremo Tribunal Federal, por exemplo, admite a sustentação oral em processos que serão julgados em ambiente virtual, bem como a sustentação oral por videoconferência em processos julgados em sessão presencial.

A tendência é de que os julgamentos não presenciais ganhem relevância e que passem de exceção à regra à medida que os modelos e sistemas se aprimorem, porquanto representam economia de recursos e de tempo para o processo e para todos os envolvidos, alinhando-se com exatidão aos princípios da duração razoável do processo e da eficiência, ambos com assento constitucional e consagrados também no Código de Processo Civil, nos arts. 4º e 8º.

Com efeito, tribunais poderão reduzir seus espaços físicos, pessoal de apoio às sessões, energia elétrica, água, café, equipamentos etc. Julgadores, representantes do Ministério Público e advogados serão mais eficientes, a começar porque não perderão tempo com deslocamentos.[214]

5.2.1.1. Ordem dos julgamentos

Estipula o art. 936 a ordem a ser observada nos julgamentos em sessão. Conforme o dispositivo, os recursos, a remessa necessária e os processos de competência originária, ressalvadas as preferências legais e regimentais, serão julgados na seguinte ordem de preferência: i) aqueles nos quais houver sustentação oral, observada a ordem dos requerimentos; ii) os requerimentos de preferência apresentados até o início da sessão de julgamento; iii) aqueles cujo julgamento tenha iniciado em sessão anterior; e iv) os demais casos.

[214] A Pesquisa Origem Destino conduzida pelo Metrô de São Paulo de 2017 concluiu que os paulistanos gastam, em média, uma hora e meia por dia para ir e voltar do trabalho. Disponível em: <http://www.metro.sp.gov.br/pesquisa-od/arquivos/2018_12_12_Balanco_OD2017_Instituto_de_Engenharia_site_metro.pdf>.

Justifica-se que os processos em que haja inscrição de advogado para sustentação oral, nos termos do § 2º do art. 937, sejam julgados em primeiro lugar. Com efeito, apenas nestes casos a presença do advogado da parte na sessão de julgamento é indispensável. E, diante disso, "não há sentido algum – salvo eventual intuito de inibir o requerimento de sustentação oral – submeter os advogados inscritos para sustentação oral a assistir dezenas de julgamentos para os quais muitas vezes nem sequer há advogado presente para o seu acompanhamento".[215]

Pela mesma razão, natural também que se dê preferência aos casos em que, nada obstante não haja requisição de sustentação oral, algum interessado – normalmente o advogado ou a parte – encontre-se presente para acompanhar o julgamento.

Na sequência, devem ser julgados aqueles recursos e processos cujo julgamento teve início em sessão anterior, mas não se completou, seja porque i) houve pedido de vista do relator ou de outro julgador que não se considerar habilitado a proferir imediatamente seu voto (art. 940); ii) houve conversão em diligência para suprir vício sanável (art. 938, § 1º) ou produzir prova (art. 938, § 2º); iii) ocorreu a instauração de incidente assunção de competência (art. 947) ou de incidente de declaração de inconstitucionalidade (art. 948); e iv) deu-se ensejo à extensão do julgamento com ampliação de colegiado nos termos do art. 942.

A preferência de que trata o art. 936, conforme resta claro em seu *caput*, concorrerá com outras estipuladas por diferentes normas. A Lei do Mandado de Segurança (Lei 12.016/2009), por exemplo, em seu art. 20, estabelece que "os processos de mandado de segurança e os respectivos recursos terão prioridade sobre todos os atos judiciais, salvo *habeas corpus*". O art. 199-C da Lei 8.069/1990, por sua vez, concedeu "prioridade absoluta" aos recursos nos procedimentos de adoção e de destituição do poder familiar.

Desta forma, nos termos do estabelecido no Código Processo Civil, na sessão de julgamento do órgão colegiado, terão preferência: a) os *writs* constitucionais em geral (mandado de segurança: Lei do Mandado de Segurança, art. 20; *habeas data; habeas corpus; mandado de injunção* etc.) e outras preferências estabelecidas por lei (art. 937, § 2º); b) os casos em que haja pedido de sustentação oral; os pedido de preferência que não decorram de determinação legal e que tenham sido colocados em pauta em sessão anterior e que ainda não tenham sido julgados; e) os demais casos.[216]

---

[215] AMARAL, Guilherme Rizzo. *Comentários às alterações do novo CPC*. São Paulo: Revista dos Tribunais, 2015, p. 958.

[216] NERY JUNIOR, Nelson; NERY, Rosa Maria de Andrade. *Código de processo civil comentado*. 16ª ed. São Paulo: Revista dos Tribunais, 2016, p. 1988.

5.2.1.2. *Do necessário julgamento do agravo de instrumento anteriormente à apelação*

Dispõe o art. 946 que o agravo de instrumento deverá ser julgado antes da apelação interposta no mesmo processo. Em seu parágrafo único, completa disciplinando que "se ambos os recursos de que trata o *caput* houverem de ser julgados na mesma sessão, terá precedência o agravo de instrumento". Estipula, desta forma, que se observe a ordem de julgamento entre agravos de instrumento e apelação referentes ao mesmo feito.

A regra é reproduzida em alguns regimentos internos, nada obstante a desnecessidade diante da preponderância e imperatividade da norma federal. O RITJRS, *v.g.*, em seu art. 218, praticamente copia a redação do Código de Processo Civil, dispondo que "a apelação não será incluída em pauta antes do agravo de instrumento interposto no mesmo processo". O § 1º finaliza dizendo que: "se ambos houverem de ser julgados na mesma sessão, terá precedência o agravo, que poderá ser julgado em conjunto coma a apelação".

Malgrado nos dias de hoje a probabilidade seja menor do que em tempos idos,[217] ainda pode ocorrer que a apelação fique pronta para julgamento antes do agravo de instrumento interposto no mesmo processo.

Neste caso, em observância ao artigo supramencionado, dever-se-á aguardar que o agravo também atinja condições de julgamento para que, embora na mesma seção, seja julgado antes do apelo.

5.2.1.2.1. *Consequência da inversão da ordem de julgamento entre agravo de instrumento e apelação*

A inversão da ordem pode trazer sérias consequências, sendo de todo equivocado afirmar que apenas ensejará o reconhecimento da perda de objeto do agravo, embora em alguns casos isso ocorra.

Imagine-se que o agravo de instrumento impugne decisão que indeferiu a arguição de prescrição. Sendo provido o agravo, a apelação

[217] Assim: PINTO, Nelson. *Código de Processo Civil interpretado*. Antônio Carlos Marcato (Coord.). 3ª ed. São Paulo: Atlas, 2008, p. 1878; FERREIRA FILHO, Manuel Caetano. *Comentários ao Código de Processo Civil*, vol. 7. São Paulo: RT, 2001, p. 383; MOREIRA, José Carlos Barbosa. *Comentários ao Código de Processo Civil*, vol. 5. 14ª ed. Rio de Janeiro: Forense, 2008, p. 694. Mas não concordamos com Orione Neto que afirma que "a norma esta praticamente em desuso" e que "só tinha razão de ser na revogada disciplina do agravo" (ORIONE NETO, Luiz. *Recursos cíveis*. 2ª ed. São Paulo: Saraiva, 2006, p. 627). Diversas circunstâncias podem levar a equivocada inversão da ordem de julgamento, desde o mero descuido do Gabinete e da Secretaria ao elaborar a pauta, até, como exemplifica Araken de Assis, a retenção dos autos além do prazo pelo Ministério Público (ASSIS, Araken de. *Manual dos Recursos*. 8ª ed. São Paulo: Revista dos Tribunais, 2016, p. 387).

pendente é que restará prejudicada. Nestes casos, o julgamento da apelação que, inadvertidamente, se der anteriormente ao do agravo, é nulo.

Da mesma forma, versando o agravo de instrumento acerca da rejeição da convenção de arbitragem, de forma alguma poderá ser considerado prejudicado pelo julgamento do apelo, ao revés, a apelação é que ficará prejudicada caso tenha razão o agravante, porquanto o provimento do agravo determinará a desconstituição da sentença e tornará sem efeitos os atos do juízo estatal.[218]

De outro lado, tendo sido o agravo de instrumento interposto contra a decisão que indeferiu tutela de urgência, restará prejudicado pela superveniência de sentença, não havendo nulidade se, eventualmente, o apelo for julgado sem que o tenha sido o agravo.[219]

Todavia, tendo sido o agravo interposto contra a decisão que deferiu a tutela de urgência, não se pode reputá-lo prejudicado pela superveniência da sentença que confirmar a tutela provisória. Isto porque, no julgamento do agravo de instrumento – embora seja improvável –, pode o tribunal reconhecer a ausência dos requisitos para a tutela de urgência e, por consequência, a responsabilidade objetiva do autor pela execução injusta da liminar, nada obstante mantenha a sentença ao desprover o apelo do réu.[220] Ou seja, há relevância, neste caso, em discutir-se tão somente a presença ou não dos requisitos para a tutela de urgência, porque a admissão da sua ausência poderá ensejar o dever de reparação de danos, nos termos do art. 302.

Não se olvide, ademais, que o provimento do agravo, no exemplo trazido acima, influenciará nos efeitos da apelação (art. 1.012, § 1º, V).

Desta forma, a consequência da inobservância da norma do art. 946 será determinada no exame do caso concreto, sendo inexatas definições apriorísticas.[221]

---

[218] ASSIS, Araken de. *Manual dos Recursos*. 8ª ed. São Paulo: Revista dos Tribunais, 2016, p. 386.

[219] Assim decidiu a 4ª C.C. do TJRS, ao julgar o AI 70013285150, Rel. Des. Araken de Assis, j. 24.10.2007, que trouxe a seguinte ementa: PROCESSUAL CIVIL. AGRAVO DE INSTRUMENTO. PRECEDÊNCIA OBRIGATÓRIA. LIMINAR. CAUSA JULGADA. RECURSO PREJUDICADO. 1. Embora o art. 559 do CPC contemple a precedência obrigatória do julgamento do agravo de instrumento relativamente à apelação, e, em alguns casos, o julgamento da causa e da apelação antes de resolvida interlocutória, e, até, o trânsito em julgado da respectiva sentença, não impeça o julgamento do agravo, na espécie trata-se de recurso aviado contra decisão que antecipou os efeitos do pedido, motivo por que o acolhimento deste último, ante o princípio da congruência (art. 273, *caput*, do CPC), torna inútil o recurso ainda pendente. 2. Agravo de Instrumento prejudicado.

[220] Neste sentido: ASSIS, Araken de. *Manual dos Recursos*. 8ª ed. São Paulo: Revista dos Tribunais, 2016, p. 386-387. Em sentido contrário, afirmando que sempre haverá a perda de objeto quando o agravo atacar decisão acerca da antecipação da tutela: ALVIM, Eduardo Arruda. *Direito Processual Civil*. 2ª ed. São Paulo: Revista dos Tribunais, 2008, p. 827.

[221] A 4ª Turma do STJ, por exemplo, afirmou que "a apelação pode ser julgada antes do agravo de instrumento, se entre o conteúdo das decisões não houver incompatibilidade, como acontece entre a

Em determinados casos, como há muito afirmou o STF, nem o decurso do prazo para a impugnação da sentença constitui causa obstativa do julgamento do agravo de instrumento interposto no curso da tramitação da causa,[222] quanto mais a superveniência de sentença ou o julgamento do apelo.

Todavia, malgrado as importantes posições em contrário, não se resolve a questão supondo que a sentença não transita em julgado, sob pena de ter-se a causa indefinidamente em aberto. Com efeito, como diz voz autorizada, não há supor que "julgada a apelação antes do agravo, deva *aguardar-se* o julgamento deste, sem tomar providência alguma, a fim de verificar-se, depois, se há ou não compatibilidade; em tese, a espera pode prolongar-se indefinidamente, e inexistiria base legal para obstar-se, nesse ínterim, à produção dos efeitos do julgamento da apelação, com óbvia possibilidade de que a situação se torne – ao menos praticamente – irreversível".[223]

Por isso, julgada a apelação, há de se abrir imediata oportunidade para a interposição do recurso cabível, sendo inadequado, chegando-se a este ponto, esperar o julgamento do agravo.[224]

Mas provido o agravo de instrumento antes do trânsito em julgado, todos os atos posteriores à decisão recorrida serão anulados, devendo ser proferida outra sentença, abrindo-se nova chance de impugná-la.[225]

A alegação de eventual nulidade percebida pode-se dar por meio da oposição de embargos de declaração, o que tornará mais simples a solução do problema, não havendo óbice a que o tribunal a reconheça, porquanto poderia fazê-lo mesmo *ex officio*.[226] Providos os embargos, na hipótese de se verificar que a matéria do agravo de instrumento é potencialmente prejudicial à da apelação, anular-se-á o julgamento do apelo e julgar-se-á o agravo de instrumento, tornando-se a julgar a apelação, se ainda for o caso.[227]

---

apelação que fixa alimentos definitivos e o agravo de instrumento interposto de decisão sobre o valor dos alimentos provisórios" (STJ-4ª Turma, REsp 46.500-1-BA, rel. Min. Ruy Rosado, j. 7.11.1994).

[222] STF-1ª Turma, RE 89.980-SP, rel. Min. Soares Muñoz. J. 24.02.1978.

[223] MOREIRA, José Carlos Barbosa. *Comentários ao Código de Processo Civil*, vol. V. 14ª ed. Rio de Janeiro: Forense, 2008, p. 696.

[224] *Idem*, p. 697.

[225] Em sentido semelhante, mas sem exigir que o provimento do agravo se dê antes do trânsito em julgado, já que no seu entender este não ocorre na hipótese: NERY JUNIOR, Nelson; NERY, Rosa Maria de Andrade. *Código de processo civil e legislação processual civil extravagante em vigor*. 16ª ed. São Paulo: Revista dos Tribunais, 2016, p. 966.

[226] Não vemos, portanto, o óbice referido por Barbosa Moreira, que afirma que "não constando da pauta o agravo, não se pode dizer que foi omitido 'ponto sobre o qual devia pronunciar-se o tribunal'" (MOREIRA, *loc. cit.*, p. 697).

[227] ASSIS, Araken de. *Manual dos Recursos*. 8ª ed. São Paulo: Revista dos Tribunais, 2016, p. 388.

Vencido o prazo dos embargos, a questão pode ser suscitada em outro recurso cabível. O recurso especial terá substrato na alínea "a" do permissivo constitucional, por violação do art. 946.[228] O mandado de segurança também pode ser admissível, desde que não haja transitado em julgado o acórdão; do contrário, esbarra a utilização do remédio na Súmula 268, que diz ser incabível mandado de segurança contra decisão judicial com trânsito em julgado.

A matéria, ademais, poderá (deverá) ser também conhecida *ex officio* pelo órgão *ad quem*.

Por fim, tendo em vista que a inversão da ordem de julgamento entre agravo de instrumento e apelo literalmente viola o art. 946, admissível – desde que se trate de decisão de mérito – a ação rescisória com amparo no art. 966, V,[229] solução já adotada pelo Superior Tribunal de Justiça.[230]

Vencido o prazo da ação rescisória, previsto no art. 975, o acórdão do apelo prevalecerá em definitivo.[231]

5.2.1.3. Sustentação oral

5.2.1.3.1. Conceito e hipóteses de admissibilidade

A sustentação oral é a oportunidade que têm os advogados das partes e o membro do Ministério Público de se manifestarem verbalmente durante a sessão de julgamento, após a exposição do caso pelo Relator, para defenderem as suas razões.

Com efeito, nos termos do art. 937, na sessão de julgamento, depois de exposta a causa pelo relator, tratando-se de apelação, recurso ordinário, recurso especial, recurso extraordinário, embargos de divergência, ação rescisória, mandado de segurança, reclamação, agravo de instrumento interposto contra decisão interlocutória que verse sobre tutela provisória de urgência ou evidência ou de agravo interno que se oponha à decisão singular extintiva de ação originária, o Presidente dará a palavra, sucessivamente, aos advogados do recorrente (autor ou reclamante, conforme o caso), aos advogados do recorrido (réu ou reclamado) e, nos casos de sua intervenção, ao membro do Ministério

[228] MOREIRA, José Carlos Barbosa. *Comentários ao Código de Processo Civil*, vol. 5. 14ª ed. Rio de Janeiro: Forense, 2008, p. 697.

[229] Assim: ASSIS, Araken de. *Manual dos Recursos*. 8ª ed. São Paulo: Revista dos Tribunais, 2016, p. 388; MOREIRA, *loc. cit.*, p. 697.

[230] STJ-4ª Turma, REsp. 220.110-PA, j. 06.03.2003, Rel. Min. Sálvio de Figueiredo Teixeira.

[231] ASSIS, *loc. cit.*, p. 389; MOREIRA, *loc. cit.*, p. 677.

Público, pelo prazo improrrogável de 15 (quinze) minutos para cada um, a fim de sustentarem suas razões.

O rol, tem ressaltado a doutrina, merece complementação:[232] caberá, também, sustentação oral no incidente de resolução de demandas repetitivas, observando-se, neste caso, o disposto no art. 984, no que couber (937, § 1º), e no julgamento estendido previsto no art. 942. Na remessa necessária, a despeito de não constar no rol do art. 937, admite-se a sustentação, dada a sua natureza de sucedâneo recursal.

Também carece de acréscimo o rol dos legitimados a realizar a sustentação oral. O Supremo Tribunal Federal já assegurou ao *amicus curiae* "mais do que o simples ingresso formal no processo judicial, a possibilidade de exercer o direito de fazer sustentações orais perante esta Suprema Corte".[233] A possibilidade de sustentação oral do *amicus curiae*, inclusive, foi sedimentada do Regimento Interno do Corte, em seu art. 131, § 3º.[234]

Admissível o uso da palavra pelo advogado, outrossim, nos termos do art. 937, IX, em outras hipóteses previstas em lei. Desta forma, conforme a norma, é dado a lei federal prever a sustentação oral em hipóteses não elencadas no art. 937, como ocorre no art. 1.042, § 5º, que prevê a sustentação oral no agravo contra indeferimento de RE e REsp quando este for julgado conjuntamente com o RE ou com o REsp correspondente.

Nada obstante o art. 937, IX, admitir que os regimentos internos prevejam outras hipóteses de sustentação oral em outros casos, esta abertura é inconstitucional, porquanto não é dado aos regimentos internos, conforme se infere do art. 22, I, da Constituição Federal, legislarem acerca de matéria de direito processual, o que ocorre quando se reduz ou mesmo amplia garantias processuais.[235]

Depurando o longo rol, constata-se que apenas não se faculta a sustentação oral nos julgamentos de embargos de declaração, de agravo de instrumento que não impugne decisão acerca de tutela provisória

---

[232] ASSIS, Araken de. *Manual dos Recursos*. 8ª ed. São Paulo: Revista dos Tribunais, 2016, p. 395.

[233] STF, Reclamação 28.197/MG, Rel. Min. Celso de Mello, j. 24.11.17.

[234] Art. 131. Nos julgamentos, o Presidente do Plenário ou da Turma, feito o relatório, dará a palavra, sucessivamente, ao autor, recorrente, peticionário ou impetrante, e ao réu, recorrido ou impetrado, para sustentação oral. (...) § 3º Admitida a intervenção de terceiros no processo de controle concentrado de constitucionalidade, fica-lhes facultado produzir sustentação oral, aplicando-se, quando for o caso, a regra do § 2º do art. 132 deste Regimento.

[235] NERY JUNIOR, Nelson; NERY, Rosa Maria de Andrade. *Comentários ao Código de processo civil*. São Paulo: Revista dos Tribunais, 2015, p. 1861. Na mesma linha, mas entendendo que haveria inconstitucionalidade apenas quando houvesse restrição de hipóteses de sustentação pelo regimento interno (BUENO, Cassio Scarpinella. *Novo Código de Processo Civil anotado*. São Paulo: Saraiva, 2015, p. 585).

de urgência ou evidência e de agravo interno que não ataque decisão monocrática extintiva de ação originária (ação rescisória, mandado de segurança e reclamação).

Ressente-se a doutrina da ausência de previsão de sustentação oral para a hipótese de agravo interposto contra a decisão parcial de mérito, prevista no art. 356, § 5º, e contra a decisão que extingue parcela do processo, nos termos do art. 354, parágrafo único.[236] De fato parece ter havido indevida omissão do legislador, já que estas mesmas situações, caso decididas por sentença e impugnadas por apelação, poderiam ser aventadas da tribuna. Por essa razão, já há quem defenda o cabimento da sustentação oral nestes casos, independentemente da ausência de previsão legal.

Além da sustentação oral, é permitido aos advogados pedirem a palavra *pela ordem* para esclarecer equívoco ou dúvida surgida em relação a fatos, documentos ou afirmações que influam no julgamento, bem como para replicar acusação ou censura que lhe forem feitas, consoante o art. 7º, X, do Estatuto da Advocacia (Lei 8.906/94). Pode o advogado, portanto, durante a votação, percebendo que o magistrado incorreu em erro fático, pedir a palavra pela ordem, com o objetivo de alertá-lo sobre tal circunstância.[237]

5.2.1.3.2. Momento e prazo da sustentação oral

A sustentação ganha espaço, como deixa claro o *caput* do art. 937, após a exposição oral do caso pelo relator e antes de se iniciar a votação. O inciso IX do art. 7º do Estatuto da Advocacia, que prevê o direito de o advogado sustentar oralmente após o voto do relator, teve sua inconstitucionalidade reconhecida pelo Supremo Tribunal Federal no julgamento da ADIn 1105 – DF.[238]

Nos termos do *caput* do art. 937, a sustentação oral terá prazo máximo de 15 minutos para o recorrente, ou autor, e de outros 15 minutos

---

[236] Por todos: MACEDO, Elaine Harzheim. *Novo Código de Processo Civil Anotado*, anotações aos arts. 929 a 946. Porto Alegre: OAB RS, 2015, p. 702.

[237] VALLADÃO, Luiz Fernando. Características e nuaces da sustentação oral conforme o novo CPC. *Revista Consultor Jurídico*, disponível em: <https://www.conjur.com.br>, acesso 16 de setembro de 2018.

[238] AÇÃO DIRETA DE INCONSTITUCIONALIDADE. ART. 7º, IX, DA LEI 8.906, DE 4 DE JULHO DE 1994. ESTATUTO DA ADVOCACIA E A ORDEM DOS ADVOGADOS DO BRASIL. SUSTENTAÇÃO ORAL PELO ADVOGADO APÓS O VOTO DO RELATOR. IMPOSSIBILIDADE. AÇÃO DIRETA JULGADA PROCEDENTE. I – A sustentação oral pelo advogado, após o voto do Relator, afronta o devido processo legal, além de poder causar tumulto processual, uma vez que o contraditório se estabelece entre as partes. II – Ação direta de inconstitucionalidade julgada procedente para declarar a inconstitucionalidade do art. 7º, IX, da Lei 8.906, de 4 de julho de 1994. (ADI 1105, Relator(a): Min. MARCO AURÉLIO, Relator(a) p/Acórdão: Min. RICARDO LEWANDOWSKI, Tribunal Pleno, julgado em 17/05/2006).

para o recorrido, ou réu. Havendo intervenção do Ministério Público (art. 178), o seu membro terá outros 15 minutos para exposição oral.

Embora a lei nada fale acerca da dobra do prazo de 15 (quinze) minutos para a sustentação oral quando houver litisconsortes com diferentes procuradores, de escritórios de advocacia distintos, tem-se entendido que o prazo deve ser ampliado, permitindo aos advogados de todas as partes o uso da tribuna.[239] No direito anterior, a compreensão já era nessa linha, e o atual art. 229, *caput*, foi mais claro que seu antecessor (art. 191, CPC/73) ao assegurar a contagem em dobro para os litisconsortes "para todas as suas manifestações, em qualquer juízo ou tribunal". O RISTJ, na mesma trilha, no § 2º do art. 160, dispõe que "se houver litisconsortes não representados pelo mesmo advogado, o prazo será contado em dobro e dividido igualmente entre os do mesmo grupo, se diversamente não o convencionarem". O RISTF contém regra idêntica no seu art. 132, § 2º,[240] e o RITJRS, em seu art. 214, § 8º.

O Superior Tribunal Justiça, contudo, já foi mais além e entendeu que, em consonância com os princípios do contraditório e da ampla defesa, "havendo mais de um advogado para fazer sustentação oral é de observar o prazo de 15 (quinze) minutos para cada um dos advogados presentes, ressalvada a hipótese de haver mais de um patrono para o mesmo réu", quando "o prazo deve ser dividido entre os advogados, frise-se, do mesmo réu, *ex vi* do art. 222, § 1º, do RISTJ".[241]

A restrição ao prazo em dobro para os processos em autos eletrônicos, trazida pelo § 2º do art. 229, não se aplica à sustentação oral. Isto porque a razão da exceção, que é o fato de os autos estarem permanentemente disponíveis para a consulta, por certo não guarda relação com o direito ao uso da tribuna.[242]

Por fim, nos termos do art. 937, *caput*, o prazo de quinze minutos não pode ser prorrogado. A lei, entretanto, deve sofrer temperamentos: o prazo não pode ser ampliado em favor da parte, mas, decerto, o cronômetro deve ser interrompido, por exemplo, na hipótese de o advogado ser aparteado ou no caso de eventual falta de luz que prejudique a exposição, porque o advogado consultava suas anotações.[243]

---

[239] Neste sentido: BERMUDES, Sérgio. *Comentários ao Código de Processo Civil*, vol. 7. 2ª ed. São Paulo: Revista dos Tribunais, 1977, p. 379-380, n. 286, p. 378; DIDIER JR., Fredie; CUNHA, Leonardo José Carneiro da. *Curso de Direito Processual Civil*, vol. 3, 13ª ed.Salvador: Juspodivm, 2016, p. 65.

[240] Art. 132. Cada uma das partes falará pelo tempo máximo de quinze minutos, excetuada a ação penal originária, na qual o prazo será de uma hora, prorrogável pelo Presidente. (...) § 2º Se houver litisconsortes não representados pelo mesmo advogado, o prazo, que se contará em dobro, será dividido igualmente entre os do mesmo grupo, se diversamente entre eles não se convencionar.

[241] STJ-5ª Turma, HC 41698, rel. Min. Felix Fischer, j. 07.02.2006.

[242] ASSIS, Araken de. *Manual dos Recursos*. 8ª ed. São Paulo: Revista dos Tribunais, 2016, p. 397.

[243] *Ibidem*.

A complexidade da causa, defendem alguns, também autoriza que o tribunal estenda o tempo da sustentação oral, amparando-se no disposto no art. 139. O Supremo Tribunal Federal, no julgamento da Ação Penal nº 470 ("mensalão"), ampliou o prazo para o Procurador-Geral da República fazer a sustentação oral da denúncia.[244] Vale destacar, contudo, que se tratou de ação penal.

Afigura-se possível, diante do que dispõe o art. 190, a celebração de negócios processuais envolvendo a sustentação oral. Desta forma, podem as partes ajustar um prazo mais reduzido para a sustentação oral, bem como a divisão do prazo entre mais de um advogado.

Tem ocorrido em alguns tribunais, outrossim, quando comparecer à sessão de julgamento apenas o advogado de uma das partes, e o voto do relator esteja orientado em favor do cliente daquele, que haja ajuste entre o colegiado e o advogado presente para que dispense a sustentação oral, diante da antecipação do julgamento que lhe é favorável.[245] Nada obstante admissível, há que se ter muita cautela neste caso, pois caso o voto não atenda integralmente o interesse defendido pelo causídico e isso não houver sido esclarecido, deverá a ele ser facultado assumir a tribuna posteriormente à exposição do voto pelo relator.

5.2.1.3.3. Formalidades do ato de sustentação oral

O Estatuto da Advocacia (Lei nº 8.906/94), em seu art. 7º, XII, preceitua ser prerrogativa do advogado "falar sentado ou em pé, em juízo, tribunal ou órgão de deliberação coletiva da Administração Pública ou do Poder Legislativo".

A despeito da amplitude do dispositivo, os tribunais costumam delimitá-lo. O RISTJ determina que os advogados, para sustentarem, utilizem beca e ocupem a tribuna (art. 151, §§ 1º e 3º). O RITJSP, de sua vez, estabelece que, para sustentarem os advogados se apresentarão de vestes talares (art. 151). O RITJSP, em seu art. 146, dispõe que "o advogado, pretendendo fazer sustentação oral em sessão já designada, deverá comunicar o oficial de câmara até o início dos trabalhos e no local de sua realização".

A verdade é que o Código não exige a prévia inscrição para sustentação oral nem a ocupação da tribuna e, menos ainda, a utilização de vestes talares. Contudo, não menos verdade é que a Constituição Federal outorga aos tribunais a elaboração de normas destinadas a regular o seu funcionamento interno (art. 96, I, *a*).

---

[244] DIDIER JR., Fredie; CUNHA, Leonardo José Carneiro da. *Curso de Direito Processual Civil*, vol. 3. 13ª ed., Salvador: Juspondivm, 2016, p. 66.

[245] *Ibidem*, p. 69.

Sensato, portanto, que o advogado que desejar proferir sustentação oral solicite a sua inscrição ao oficial ou secretário antes do início da sessão. Assim o fazendo, assegura não apenas o direito de ocupar a tribuna, mas também a preferência na ordem de julgamento, nos termos do § 2º do art. 937.

Os regimentos internos costumam reproduzir o estabelecido no § 2º do art. 937, com pequenas variações. O RITJRS, por exemplo, em seu art. 214, § 1º, estipula que "desejando a preferência na ordem do julgamento, com ou sem sustentação oral, poderão os interessados solicitá-la pessoalmente antes do início da sessão, ou por via eletrônica, hipótese em que a inscrição poderá ser feita a partir da publicação da pauta no diário da justiça eletrônico até as 23 horas, 59 minutos e 59 segundos do dia anterior à sessão de julgamento".

Havendo o pedido de sustentação oral – e sendo hipótese de seu cabimento –, depois de exposta a causa pelo relator, o Presidente dará a palavra, sucessivamente, aos advogados do recorrente (autor ou reclamante, conforme o caso), aos advogados do recorrido (réu ou reclamado) e, nos casos de sua intervenção, ao membro do Ministério Público, pelo prazo improrrogável de 15 (quinze) minutos para cada um, a fim de sustentarem suas razões (art. 937, *caput*). Importante não olvidar, como já exposto acima, da possibilidade da sustentação oral pelo *amicus curiae*, expressamente admitida pelo RISTF em seu art. 131, § 3º.

O art. 937, § 4º, permite que o advogado que tenha domicílio profissional em cidade diversa da sede do tribunal realize a sustentação oral por meio de videoconferência ou outro recurso tecnológico de transmissão de sons e imagens em tempo real. Deverá, para tanto, requerer a sustentação oral no dia anterior ao da sessão, de sorte a permitir a preparação de equipamento necessário.

A admissão da sustentação oral por meio de videoconferência é, induvidosamente, um ganho em termos de acessibilidade à Justiça. Devem os tribunais adequarem-se para dar efetividade à norma, sempre observando o disposto no art. 194.[246]

A lei não exige do advogado nenhuma saudação ao colegiado e aos seus integrantes, apenas que atue com civilidade. O RITJRS, em seu art. 195, diz que caberá ao Presidente da sessão "exortar os advogados e o órgão do Ministério Público a que discutam a causa com educação e urbanidade". O RITJSE, de sua vez, diz que o Presidente não permitirá "o uso de linguagem inconveniente ou insultuosa, cassando a palavra ao orador, após a advertência devida"; complementando, sem seguida, que não se considera "injuriosa a simples denúncia, em linguagem

[246] NERY JUNIOR, Nelson; NERY, Rosa Maria de Andrade. *Comentários ao Código de Processo Civil.* São Paulo: Revista dos Tribunais, 2015.

comedida, de fatos que, se não abordados no entendimento do orador, possam ser prejudiciais ao reconhecimento do direito pleiteado" (art. 152, *caput* e parágrafo único).

De outro lado, deve o Presidente, outrossim, cuidar para que se respeite o direito à sustentação não apenas formalmente, mas de forma efetiva. Assim, ao Presidente, dentro da sua atribuição de manter a ordem da sessão, cabe solicitar atenção e silêncio dos demais componentes do órgão, função que cada dia ganha mais importância e tem-se mostrado cada dia mais frequente.

Como adverte voz autorizada, "é preciso que os juízes se compenetrem do fato de que quem usa a tribuna, ali está exercendo um direito, que é também, o de ser ouvido. Os juízes que conversam, ou permanecem desatentos, durante a sustentação, demonstram censurável descaso pela função jurisdicional e condenável descortesia para com quem fala".[247]

5.2.1.3.4. Conteúdo da sustentação oral

O conteúdo e a forma da sustentação oral são amplos, para não dizer livres, mas devem guardar, decerto, coerência com o feito, cabendo ao Presidente da sessão controlar os excessos e abusos.

O RITJSE, com este intuito, explicita em seu art. 152 que "o Presidente impedirá que na sustentação oral sejam abordados assuntos impertinentes". Em seguida, em seu parágrafo único, ressalva que "não se reputa impertinente a elevada crítica à lei ou sistema judiciário".

Nada determina que deva o orador fazer saudações ao colegiado ou seus integrantes; ao revés, sugere-se moderação caso deseje fazer, de sorte a evitar constrangimentos e abuso no uso do tempo.

Recomenda-se, outrossim, que a sustentação seja "tanto quanto possível, sintética e objetiva".[248] Antiga e preciosa lição diz que a virtude do advogado está na objetividade pela qual expõe ao juiz o que quer e onde quer chegar: "se escreve demais, ele não lê; se você fala demais, ele não ouve; se você é obscuro, ele não tem tempo para tentar compreendê-lo".[249]

---

[247] BERMUDES, Sérgio. *Comentários ao Código de Processo Civil*, vol. 7. 2ª ed. São Paulo: Revista dos Tribunais, 1977, p. 379-380.

[248] CRUZ E TUCCI, José Rogério. Quando é oportuna a sustentação oral perante os tribunais. *Revista Consultor Jurídico*, disponível em <https://www.conjur.com.br>, acesso 20 de fev. 2018.

[249] CALAMANDREI, Piero. *Eles, os juízes, vistos por um advogado*. São Paulo: Martins Fontes, 2000, p. 104-105. E o autor ainda refere, em outra passagem, que a forma de eloquência em que melhor se fundem as duas qualidades mais apreciadas do orador, a brevidade e a clareza, é o silêncio. O juiz "aceita melhor a brevidade, ainda que obscura: quando um advogado fala pouco, o juiz, mesmo que não compreenda o que ele diz, compreende que tem razão" (p. 83).

A sustentação oral pode versar, decerto, tanto sobre preliminares, como a intempestividade do recurso ou a coisa julgada, quanto acerca do mérito, sendo admissível que haja a suspensão da sustentação após a abordagem das preliminares para que se colham os votos e, acaso superadas estas, passe-se ao mérito, permitindo que o advogado prossiga com a sua fala.[250]

Não está o advogado que usa a tribuna adstrito a repetir as arguições das razões ou contrarrazões, da inicial ou da contestação. O Código ao usar a expressão "sustentarem suas razões", não está tratando das razões ou contrarrazões de recurso apresentadas por escrito, mas de algo mais amplo, vinculado ao próprio direito de ampla defesa,[251] sendo admissível a sustentação mesmo daquele que não ofereceu razões recursais – como é o caso do revel e do autor e réu das ações originárias.[252] Só assim harmoniza-se a regra com as garantias constitucionais do contraditório e da ampla defesa.[253]

A missão do advogado na tribuna, portanto, é convencer os julgadores do direito daquele que defende, podendo para tanto invocar novos argumentos, mencionar outros dispositivos legais, chamar a atenção para elementos de prova constantes dos autos ainda pouco explorados.

Não raro o advogado é contrato especificamente para a atuação no tribunal, seja em razão de sua especialidade neste tipo de atuação, seja por se tratar de causa oriunda de localidade distante da sede do tribunal, tornando oneroso o deslocamento do patrono original. "Neste caso, a mudança da linha argumentativa parece natural e, sobretudo, tendência irrefratável".[254]

---

[250] ASSIS, Araken de. *Manual dos Recursos*. 8ª ed. São Paulo: Revista dos Tribunais, 2017, p. 398.

[251] Aqui vale a advertência de Sérgio Bermudes: "...esse direito à sustentação só deve o recorrente, ou o recorrido, exercê-lo nos casos em que reputar absolutamente indispensáveis as razões orais... Por outro lado é preciso que os juízes se compenetrem do fato de que quem usa a tribuna, ali está exercendo um direito, que é também, o de ser ouvido. Os juízes que conversam, ou permanecem desatentos, durante a sustentação, demonstram censurável descaso pela função jurisdicional e condenável descortesia para com quem fala. Tanto o advogado que usa a tribuna apenas para enfadar, quanto o magistrado que permanece alheio à sustentação, toma atitude reprovável, desdignificante da grandeza em que se emoldura o exercício da missão que a sociedade lhe cometeu" (BERMUDES, Sérgio. *Comentários ao Código de Processo Civil*, vol. 7. 2ª ed. São Paulo: Revista dos Tribunais, 1977, p. 379-380).

[252] Neste sentido: FADEL, Sérgio Sahione. *Código de Processo Civil comentado*, t. III, Rio de Janeiro: José Konfino Editor, 1974, p. 207; BERMUDES, *loc. cit.*, p. 379. Em sentido contrário: FAGUNDES, M. Seabra. *Dos recursos ordinários em matéria civil*. Rio de Janeiro: Forense, 1946, p. 275-276.

[253] Conforme Araken de Assis, "o art. 937, *caput*, autoriza o uso da palavra para o advogado sustentar as razões presumivelmente alegadas no recurso, como se infere do uso da palavra pelo recorrente e pelo recorrido. Sucede que, às vezes, o recorrido não respondeu ao recurso, ou porque não quis, a despeito de aberto o prazo, ou porque, revel, só intervém neste estágio adiantado da causa. Nada obstante, tem direito a participar do debate oral. A interpretação aferrada à letra da lei não condiz com o direito fundamental ao contraditório e à ampla defesa. A lei conferiu o direito à participação do debate oral tão só com base na posição de recorrente e de recorrido". Esqueceu-se do autor e do réu, nos processos de competência originária (v.g. na rescisória) e, de modo mais genérico, partes e interessados (v.g. no incidente de resolução de demandas repetitivas). É preciso entender a menção ao recorrente e ao recorrido como alusiva ao *quod plerumque accidt*. (ASSIS, *loc. cit.*, p. 396). No mesmo sentido: BERMUDES, *loc. cit.*, p. 379).

[254] ASSIS, *loc. cit.*, p. 398.

A liberdade do advogado no uso da tribuna encontra limite no fenômeno da preclusão (art. 507). Questões decididas e não levadas ao tribunal, portanto alcançadas pela preclusão, não poderão ser arguidas na tribuna.

Devem ser ressalvadas, contudo, as matérias e questões de ordem pública e, portanto, conhecíveis de ofício pelo tribunal, como é o caso dos pressupostos processuais de constituição e desenvolvimento válido do processo, das condições da ação (legitimidade e interesse processual) e dos pressupostos de admissibilidade dos recursos.

Decerto, se deve o tribunal conhecer destas matéria e questões independentemente de provocação, não há razão para impedir que o advogado as mencione na tribuna, colocando luzes sobre elas.

Não se deve olvidar, entretanto, o direito assegurado ao recorrente de sanar eventual vício, antes de ter seu recurso considerado inadmissível (art. 932, parágrafo único) e de ser ouvido quando o relator constatar a ocorrência de fato superveniente à decisão recorrida ou a existência de questão apreciável de ofício ainda não examinada (art. 933).

Portanto, caso arguam-se da tribuna questões ainda não controvertidas, deve o julgamento ser suspenso, de sorte a oportunizar a manifestação da outra parte acerca delas, nos termos do art. 933, § 1º.

Caso não haja suspensão do julgamento nem exame acerca da questão suscitada na tribuna, verificar-se-á omissão, "pois a sustentação oral não é um capricho ou bondade do magistrado, que a permitiu ao advogado. A sustentação oral está prevista em normas infraconstitucionais, como decorrência de caros princípios constitucionais. Logo, o que for arguido nela, por mais improcedente que seja, deve ser objeto de resposta do julgador!".[255]

Difícil, certamente, será comprovar que a questão não respondida pelo tribunal foi, de fato, arguida na sustentação oral. A solução pode estar nas notas taquigráficas ou na gravação da sessão que, a requerimento, devem ser disponibilizadas à parte em homenagem ao princípio da publicidade dos atos processuais (arts. 189, CPC e 93, IX, CF).[256]

---

[255] VALLADÃO, Luiz Fernando. Características e *nuances* da sustentação oral conforme o novo CPC. *Revista Consultor Jurídico*, disponível em: <https://www.conjur.com.br>, acesso 16 de setembro de 2018. O mesmo autor cita precedente do STJ reconhecendo que a tese trazida em sustentação oral deve ser apreciada pelo tribunal (STJ. EDcl no HC 135142/MS. Relator Min. Jorge Mussi. 21/06/2011).

[256] *Ibidem*.

5.3. Fase final

5.3.1. Deliberação do órgão colegiado

Encerrada a sustentação oral, quando houver, ou, do contrário, logo após a exposição e sujeição do relatório ao colegiado, passa-se à votação iniciando pelo relator e seguindo-se com o voto dos outros membros do colegiado.

A ordem de votação entre os integrantes do colegiado é definida pelos próprios tribunais. A regra geral é de que a votação inicie pelo relator e siga na ordem decrescente de antiguidade até que se alcance o juiz mais moderno, quando então o sucederá o julgador mais antigo. O RITRF4, por exemplo, determina em seu art. 109 que "o Presidente tomará os votos do Relator, do Revisor, se houver, e dos outros Desembargadores Federais que os seguirem na ordem decrescente de antiguidade. Esgotada a lista, o imediato ao Desembargador Federal mais moderno será o mais antigo". Mesma ordem é adotada pelo TJRS, conforme o art. 215 do RITJRS.[257]

A partir do início da votação, só é permitido aos advogados das partes e ao Ministério Público que intervenham, pedindo a palavra *pela ordem*, para esclarecerem questões de fato.[258] Os tribunais tendem a ser restritivos quanto ao uso da palavra durante a votação. O art. 216 do RITJRS menciona que "durante o julgamento, se o permitir o presidente do órgão julgador, poderão o Ministério Público e os advogados das partes, solicitando a palavra pela ordem, fazer intervenção sumária para esclarecer equívoco ou dúvida surgida em relação a fatos ou documentos que possam influir no julgamento, limitando-se ao esclarecimento, sem argumentar".

Na deliberação, o colegiado deverá observar a ordem prescrita nos arts. 938, *caput*, e 939, isto é, inicia-se pela apreciação das questões preliminares, seguindo-se, quando estas forem rejeitadas ou quando não houver incompatibilidade destas com o mérito, com a análise da matéria principal do processo.

Todos os julgadores devem pronunciar-se tanto em relação às questões preliminares, quanto em relação ao mérito, na hipótese de aquelas serem superadas. Desta forma, mesmo o julgador que tenha sido vencido em relação à preliminar, pois entendia pelo seu acolhi-

[257] Art. 215. Após o Relator, votará o Revisor, se houver, e demais julgadores na ordem decrescente de antiguidade, seguindo-se ao mais moderno o mais antigo, continuando-se na ordem decrescente.

[258] FERREIRA FILHO, Manuel Caetano. *Comentários ao código de processo civil*, vol. 7. São Paulo: RT, 2001, p. 373.

mento, deverá, conforme determina a parte final do art. 939, proferir voto sobre a questão de fundo.

Os votos são pronunciados oralmente e, só por exceção, o colegiado deliberará secretamente, como, por exemplo, nas hipóteses do art. 189. A publicidade é garantia constitucional, prevista no art. 93, IX, da Constituição Federal.

A decisão do órgão colegiado é obtida da somatória dos votos individuais. "Os votos têm ser computados separadamente em relação a cada uma das questões preliminares, se houver, e, sendo caso, no tocante a cada parte do pedido e a cada causa de pedir. De outro modo, estarão a somar-se quantidades heterogêneas".[259]

Ocorrendo divergência de votos, será a decisão do órgão colegiado aquela a que tenha aderido mais da metade do número de juízes votantes, a menos que regra especial exija *quorum* mais elevado, como ocorre, por exemplo, na declaração de inconstitucionalidade.[260]

5.3.2. Apreciação das questões preliminares

As questões preliminares, estabelece o art. 938, *caput*, sejam elas arguidas pelas partes ou suscitadas de ofício por qualquer integrante do colegiado, devem receber análise antes do mérito do recurso. Isto porque o seu acolhimento pode levar ao não conhecimento do recurso, ou a declinação da competência para seu julgamento, ou ainda a conversão do julgamento em diligência, prejudicando definitivamente ou momentaneamente o exame do mérito.

No RITRF4, a matéria é regulada de forma semelhante no art. 108, com a seguinte redação:

> Art. 108. A questão preliminar suscitada no julgamento será decidida antes do mérito. Se a preliminar for rejeitada ou se a apreciação do mérito for com ela compatível, seguir-se-ão a discussão e o julgamento da matéria principal.

A norma é imperativa, e a sua inobservância pode acarretar sérios prejuízos ao curso do processo.

O conceito de preliminar envolve relação entre duas questões, tais que a solução de uma, conforme o sentido em que se pronuncie o órgão judicial, cria ou remove obstáculo à apreciação de outra. A própria possibilidade de apreciação da segunda depende, pois, da maneira por que se resolve a primeira.

---

[259] MOREIRA, José Carlos Barbosa. *Comentários ao Código de Processo Civil*, vol. 5, 14ª ed. Rio de Janeiro: Forense, 2008, p. 669.

[260] *Ibidem*.

Há que se distinguir com exatidão três classes de preliminares:

a) preliminares de recurso, *i.e*, as questões de cuja solução depende a possibilidade de julgar-se o mérito da impugnação (*v.g.* competência do órgão e questões relativas à admissibilidade do recurso: tempestividade, interesse recursal, legitimidade etc.);

b) preliminares ao julgamento do mérito da causa, como a relativa à legitimidade das partes, que podem ser, no recurso, o próprio mérito;

c) preliminares de mérito, ou seja, as questões já situadas no âmbito do mérito da causa, mas suscetíveis, se resolvidas em certo sentido, de dispensar o órgão julgador de prosseguir sua atividade cognitiva (*v.g.*, prescrição e decadência).

O acórdão que analisar o mérito do recurso, para ser formalmente adequado, conterá, ao menos, dois capítulos: um referente à admissibilidade e outro pertinente ao mérito. Decerto, conterá apenas um capítulo, se decidir pela inadmissibilidade do recurso. De outro lado, apresentará diversos capítulos se houver muitas preliminares arguidas e superadas.

5.3.3. *Julgamento do mérito*

Na linha do que preceitua o art. 939, rejeitada a preliminar, ou não sendo ela incompatível com o mérito, ou sanada eventual nulidade por meio da conversão do julgamento em diligência (art. 938, § 1º), deverá passar o colegiado ao julgamento do mérito.

E, consoante determina a parte final do art. 939, todos os juízes, ainda que vencidos nas preliminares, ou seja, ainda que tenham votado pelo acolhimento de uma ou algumas delas, deverão votar acerca da questão de fundo.[261]

Embora pareça óbvia a ordem legal, alinhando-se aos "mais rudimentares princípios da lógica e da processualística",[262] como percebido pela doutrina tão logo o início da vigência do CPC/73, teve a lei de ser explícita quanto à necessidade de o julgador vencido na preliminar julgar o mérito, porquanto havia juízes que se recusavam, argumentando algo como: "se julguei nulo o processo, como posso votar pela

---

261 PINTO, Nelson. *Código de Processo Civil interpretado*. Antônio Carlos Marcato (Coord.). 3ª ed. São Paulo: Atlas, 2008, p. 1880.

262 Expressão de Pontes de Miranda (PONTES DE MIRANDA, Francisco Cavalcanti. *Comentários ao Código de Processo Civil*, t. VIII: arts. 539 a 565. Rio de Janeiro-São Paulo: Forense, 1975, p. 268).

procedência do pedido?" ou "se julguei prescrita a ação, como posso condenar a pagar?".[263]

Com esse pensamento, ainda hoje identificam-se acórdãos nos quais o vencido restringe-se a expor as razões que o levaram ao acolhimento da preliminar, nada manifestando acerca de outras eventuais questões preliminares e do mérito. Todavia, conforme destaca a doutrina autorizada:

> É uma atitude que ignora a mecânica do julgamento colegiado, no qual não têm lugar personalismos, e de vezo marcadamente autoritário, porque rejeita o princípio da maioria. O vencido precisa curvar-se ao pronunciamento da maioria, bem como as partes ao comando judiciário, e, assim, respeitar a estrutura judiciária. Formulou-se, para mostrar irrisão de entendimento diverso, o seguinte e persuasivo exemplo: se um juiz não conhece do recurso, e dois conhecem, e um dá e outro nega provimento, recusando-se o vencido a emitir voto no mérito, qual o resultado do julgamento? Ficaria irremediavelmente incompleto.[264]

A inobservância da ordem de julgamento, assim como a incorreta proclamação do resultado, podem representar inconvenientes futuros, especialmente no que tange ao juízo de admissibilidade da ação rescisória considerando a imposição de julgamento de mérito para seu cabimento que faz o art. 966.

5.3.4. Pedido de vista

Permite o *caput* do art. 940 que qualquer juiz que não se sinta preparado para proferir seu voto imediatamente, peça vista dos autos para melhor examiná-los. Está incluído no permissivo também o relator. Decerto, embora já tenha tido amplo acesso aos autos, não raro dúvidas surgem por ocasião dos debates, sendo razoável que se lhe permita eliminá-las para que profira voto com maior segurança.[265]

O pedido de vista é permitido ainda depois que o juiz tenha votado, até o momento que ainda lhe seja lícito modificar o voto, ou seja, o momento imediatamente anterior ao anúncio do resultado do julgamento pelo Presidente.

Embora o dispositivo faça menção à solicitação de vista, verdade é que o Presidente do colegiado não tem a quem a requerer, de sorte

---

[263] PONTES DE MIRANDA, Francisco Cavalcanti. *Comentários ao Código de Processo Civil*, t. VIII: arts. 539 a 565. Rio de Janeiro-São Paulo: Forense, 1975, p. 268.

[264] ASSIS, Araken de. *Manual dos Recursos*. 8ª ed. São Paulo: Revista dos Tribunais, 2016, p. 408.

[265] Neste sentido: FERREIRA FILHO, Manuel Caetano. *Comentários ao código de processo civil*, vol. 7. São Paulo: RT, 2001, p. 374; MOREIRA, MOREIRA, José Carlos Barbosa. *Comentários ao Código de Processo Civil*, vol. 5. 14ª ed. Rio de Janeiro: Forense, 2008, p. 673 e BERMUDES, Sérgio. *Comentários ao Código de Processo Civil*. vol. 7. 2ª ed. São Paulo: Revista dos Tribunais, 1977, p. 378.

que apenas toma vista dos autos.[266] Por outro lado, não se concebe que o Presidente indefira o pedido de vista de um dos julgadores.

Há que registrar que, nada obstante a vista, aqueles julgadores que já se sintam habilitados, estão autorizados a votar. A questão tem relevância prática, pois ocorre de a composição da sessão de julgamento não se repetir, concretizando-se o voto então proferido.[267]

O prazo da vista é de, no máximo, 10 dias, após o qual o recurso será reincluído em pauta para julgamento na sessão seguinte à data da devolução. O prazo, contudo, pode ser prorrogado por mais 10 (dez) dias a pedido do julgador, como deixa claro o § 1º do artigo 940.

Não sendo solicitada a prorrogação nem devolvidos os autos tempestivamente, o presidente do órgão fracionário os requisitará para julgamento do recurso em sessão ordinária subsequente, com publicação da pauta em que for incluído, conforme determina a parte final do § 1º do art. 940.

O fato de ter excedido o prazo legal para devolução dos autos não impede o juiz que pedira vista de votar.[268] Contudo, caso o julgador ainda não se sinta habilitado a votar, o Presidente, nos termos do § 2º do art. 940, convocará substituto para proferir voto.

5.3.5. Modificação do voto

Pode ocorrer que algum dos julgadores, após proferir seu voto, seja convencido por outra solução oferecida por algum dos seus pares e deseje alterar seu pronunciamento.

Seria absurdo proibir-se em termos absolutos a modificação do voto proferido, pois assim se eliminaria precisamente a grande vantagem do julgamento colegiado, que consiste em propiciar a influência dos raciocínios expostos pelos diversos votantes sobre a formação e convencimento dos seus pares. Como disse voz lúcida, "é atributo do bom magistrado mostrar-se permeável às idéias inovadoras".[269]

Tal possibilidade, contudo, há de ter uma limitação temporal, sob pena de instaurar-se a insegurança jurídica. O Código anterior silenciava acerca deste prazo, deixando a definição aos regimentos internos.[270]

---

[266] ASSIS, Araken de. *Manual dos Recursos.* 8ª ed. São Paulo: Revista dos Tribunais, 2016, p. 446.

[267] MOREIRA, José Carlos Barbosa. *Comentários ao Código de Processo Civil*, vol. 5. 14ª ed. Rio de Janeiro: Forense, 2008, p. 674.

[268] *Ibidem.*

[269] ASSIS, *loc. cit.*, p. 478.

[270] MOREIRA, *loc. cit.*, p. 675.

O Código de Processo Civil atual, contudo, não negligenciou o ponto. Acolhendo a orientação dominante da doutrina e da jurisprudência, o art. 941, § 1º, dispõe que o voto, ressalvado o proferido por juiz afastado ou substituído, poderá ser alterado até o momento da proclamação do resultado pelo Presidente.

Andou bem o legislador. A partir da proclamação do resultado pelo Presidente do colegiado, está publicada a decisão, não mais podendo ser alterada.[271]

Nada impede, portanto, que o julgador que votou, por exemplo, para afastar uma preliminar, opte, já quando abertos debates sobre o mérito, por rever seu voto para acolhê-la. Imagine-se que se iniciou a votação examinando-se uma preliminar de intempestividade do recurso. Por maioria, o colegiado entende que o recurso é tempestivo e então passa a examinar a sua questão de fundo. Conforme o art. 941, § 1º, não há qualquer obstáculo a que um dos julgadores que havia entendido por afastar a preliminar de intempestividade reveja seu posicionamento e passe a votar pelo não conhecimento do recurso por ausência deste pressuposto de admissibilidade. Nesta hipótese, caso os demais julgadores mantenham seus votos, o recurso, por maioria, não seria conhecido, ainda que tivessem ingressado os julgadores nos debates acerca do seu mérito.

Possível, outrossim, a mudança de voto de qualquer dos integrantes do colegiado quando do prosseguimento do julgamento adiado por pedido de vista (art. 940) ou para a aplicação da técnica do julgamento estendido previsto no art. 942. O princípio é o mesmo: não tendo sido proclamado o resultado final, admissível a modificação do voto.[272]

A hipótese de mudança de voto, limitada, como se viu à proclamação do resultado pelo Presidente do órgão colegiado, não se confunde com a de restabelecimento do verdadeiro resultado do julgamento, a qual se verá a seguir.

5.3.6. Extensão do julgamento com ampliação de quórum

A decisão do órgão colegiado, já se disse, é obtida da somatória dos votos individuais. Devem ser os votos contabilizados separadamente em relação a cada uma das questões preliminares que existam, bem como, no mérito, a cada pedido e sua causa de pedir.

---

[271] FERREIRA FILHO, Manuel Caetano. *Comentários ao código de processo civil,* vol. 7. São Paulo: Revista dos Tribunais, 2001, p. 375.

[272] ASSIS, Araken de. *Manual dos Recursos.* 8ª ed. São Paulo: Revista dos Tribunais, 2016, p. 479.

Em caso de divergência de votos no colegiado, será vencedora a decisão a que tenha aderido mais da metade do número de juízes votantes, a menos que regra especial exija *quorum* mais elevado.

Todavia, o atual Código de Processo Civil, em alguns casos, não se contenta com um único julgamento por maioria de votos. Em seu art. 942, dispõe que no exame de apelação, caso não se tenha obtido a unanimidade no colegiado em relação ao resultado, não se considerará encerrado o julgamento. Deve ele prosseguir diante de um quórum maior, em número suficiente para garantir a possibilidade de inversão do resultado até então obtido.

Trouxe a referida norma controversa inovação, que teve o intuito de substituir os recriminados embargos infringentes, que não ganharam assento no Código atual. Entendem alguns que a técnica é bem-vinda, pois representa uma vantagem de tempo em relação aos malfadados embargos infringentes, porquanto restam eliminados os prazos de interposição, contrarrazões, pauta etc.[273] Sustentam outros, por sua vez, que enquanto a técnica do art. 942 é impositiva, independente de provocação das partes, os embargos infringentes dependiam da iniciativa do vencido, o que não ocorria em todos os casos, por inúmeras razões.[274] Desta forma, mostrou-se o legislador, que declaradamente estava imbuído do intuito de estruturar um processo mais célere, contraditório ao de uma lado eliminar um recurso que tinha hipóteses bem delimitadas e, de outro lado, criar um procedimento de amplíssima aplicação, que independe de provocação das partes.[275]

Dispõe a norma:

> Art. 942. Quando o resultado da apelação for não unânime, o julgamento terá prosseguimento em sessão a ser designada com a presença de outros julgadores, que serão convocados nos termos previamente definidos no regimento interno, em número suficiente para garantir a possibilidade de inversão do resultado inicial, assegurado às partes e a eventuais terceiros o direito de sustentar oralmente suas razões perante os novos julgadores.

Como se vê, nos termos da norma, levada a julgamento apelação sem que se tenha obtido votação unânime (*v.g.* dois julgadores votaram pelo provimento do apelo e um pelo desprovimento), o julgamento não

---

[273] Sergio Porto refere: "ainda que possa sofrer críticas, essa nova realidade, por certo, contribuirá – ainda que timidamente – para abreviar no tempo de prestação jurisdicional de segundo grau, vez que, por óbvio, deixa também de existir o tempo morto, ínsito ao processamento dos embargos infringentes que importava em distribuição, novo relator, publicação de pauta e sessão de julgamento específica" (PORTO, Sérgio Gilberto. *Processo civil contemporâneo:* elementos, ideologia e perspectivas. Salvador: Juspodivm, 2018, p. 119).

[274] NERY JUNIOR, Nelson; NERY, Rosa Maria de Andrade. *Código de Processo Civil Comentado.* 16ª ed. São Paulo: Revista dos Tribunais, 2016, p. 2002.

[275] MACEDO, Elaine Harzheim. *Novo Código de Processo Civil Anotado,* anotações aos arts. 929 a 946. Porto Alegre: OAB RS, 2015, p. 704.

se encerrará, e sim prosseguirá, na mesma sessão (§ 1º do art. 942) ou em outra a ser designada (*caput* do art. 942), com a presença de outros julgadores, em número suficiente para garantir a inversão do resultado inicial.

Desta forma, caso, por exemplo, dois julgadores tenham votado pelo provimento e um pelo desprovimento do apelo, o Presidente do colegiado não anunciará o resultado definitivo do julgamento, mas sim convocará mais dois julgadores para se integrarem e dará continuidade ao julgamento (na mesma sessão ou em uma a ser designada); pois caso estes adiram ao voto vencido, haverá a inversão do julgamento com a prevalência da solução inicialmente minoritária.[276]

Evidentemente há de ser aplicada a técnica do julgamento estendido após o julgamento de embargos de declaração aos quais, por maioria, atribuem-se efeitos infringentes, alterando o resultado do julgamento. Como muito bem assentado pela Desembargadora Marilene Bonzanini, do Tribunal de Justiça do Rio Grande do Sul, "se os embargos de declaração integram a decisão embargada, o voto vencido proferido no julgamento dos embargos de declaração, que reconheceu omissão no julgamento da Apelação Cível nº [...], passa a integrar o acórdão da respectiva apelação, de modo que se mostra cabível a aplicação do art. 942 do CPC".[277]

Releva anotar que, conforme assentou o Superior Tribunal de Justiça, "o art. 942 do CPC não determina a ampliação do julgamento apenas em relação às questões de mérito. Na apelação, a técnica de ampliação do colegiado deve ser aplicada a qualquer julgamento não unânime, incluindo as questões preliminares relativas ao juízo de admissibilidade do recurso".[278]

Quanto a este aspecto divergem Nery Jr. e Nery, para os quais a divergência que enseja a extensão do julgamento deve ser atrelada à sentença de mérito. A sentença fundamentada no art. 485 não é passível de aplicação da técnica do art. 942. Conforme os autores, "muito

---

[276] Como dizem Nery Jr. e Nery, "por razões talvez óbvias, não se pode realizer uma nova sessão de julgamento contra a decisão não unânime proferida pelo Plenário ou Corte Especial do tribunal, tendo em vista que esses órgãos são constituídos pela maioria dos julgadores" NERY JUNIOR, Nelson; NERY, Rosa Maria de Andrade. *Código de Processo Civil Comentado*. 16ª ed. São Paulo: Revista dos Tribunais, 2016, p. 2003.

[277] Voto vencido proferido nos Embargos de Declaração nº 70081848186, da 22ª Câmara Cível do TJRS, de relatoria do Des. Luiz Felipe Silveira Difini, j. 15.08.2019. A maioria entendeu que não caberia julgamento estendido, pois a divergência ocorreu nos embargos de declaração e o Código diz que só cabe a utilização da técnica apenas em julgamento de apelação, ação rescisória e agravo, não podendo haver interpretação extensiva. Olvidaram-se os julgadores que, em realidade, seguiam julgando a própria apelação ao examinar os embargos de declaração.

[278] STJ-3ª Turma, REsp 1798705/SC, Rel. Min. Paulo de Tarso Sanseverino, j. 22/10/2019, DJe 28/10/2019.

embora o CPC 942 não consigne expressamente essa exigência, como o fazia o CPC/1973 530, ela é dedutível do contexto, porquanto admite a instauração do procedimento em caso de agravo de instrumento, quando a decisão interlocutória houver parcialmente decidido o mérito e for reformada".[279]

Trata-se de uma "técnica de julgamento" (conforme denomina o próprio § 3º do art. 942), que tem o intuito de assegurar maior robustez à decisão do colegiado para, quiçá, atenuar a inconformidade da parte que reste vencida.

Não se trata de recurso, tendo em vista que a técnica é aplicada antes mesmo do encerramento do julgamento, conforme fica claro na redação do art. 942 ao mencionar que "o julgamento terá prosseguimento".

Justamente pelo fato de não haver o encerramento do julgamento, e sim a sua continuidade, é admitido que os julgadores que já votaram, modifiquem seus votos quando do prosseguimento do julgamento, ao serem, por exemplo, convencidos por argumentos trazidos nos votos dos julgadores que passaram a integrar o colegiado para completar o julgamento.

Nesta trilha, importante registrar que, no entender do enunciado nº 599 do Fórum Permanente de Processualistas Civis, "a revisão do voto, após a ampliação do colegiado, não afasta a aplicação da técnica de julgamento do art. 942". Assim, por exemplo, caso o julgador que havia proferido o voto vencido altere seu posicionamento, passando a aderir ao proposto no voto vencedor, o julgamento estendido ainda assim há de prosseguir, com a coleta dos votos dos juízes convocados para o ato. Decerto, o julgador que já proferiu o voto afastar-se ou for substituído, não poderá ter seu voto alterado (art. 941, § 1º).

Os julgadores convocados, por sua vez, não estão adstritos à adesão a uma das teses trazidas nos votos vencedor e vencido. Como há uma continuidade, o julgamento encontra-se aberto,[280] limitado apenas pelo efeito devolutivo do próprio recurso. Precisamente nessa linha decidiu o Superior Tribunal de Justiça:[281]

> Uma vez ampliado o colegiado, os novos julgadores convocados não ficam adstritos aos capítulos em torno dos quais se estabeleceu a divergência, competindo-lhes também a apreciação da integralidade das apelações.

---

279 NERY JUNIOR, Nelson; NERY, Rosa Maria de Andrade. *Código de Processo Civil Comentado.* 16ª ed. São Paulo: Revista dos Tribunais, 2016, p. 2003.

280 *Ibidem.*

281 STJ-3ª Turma, REsp 1798705/SC, Rel. Min. Paulo de Tarso Sanseverino, j. 22/10/2019, DJe 28/10/2019.

Podem, portanto, os juízes convocados para sessão de prosseguimento do julgamento oferecer decisão divergente das já apresentas, sendo possível a ocorrência do fenômeno da dispersão de votos, tratado em capítulo específico deste livro.

O § 3º do art. 942 estende a aplicação da técnica de ampliação do colegiado ao julgamento das ações rescisórias, quando o resultado for a rescisão da sentença, e aos agravos de instrumento, quando houver reforma da decisão que julgar parcialmente o mérito.

De outro lado, o § 4º do mesmo art. 942 deixa claro que a técnica de ampliação do julgamento não se aplica ao julgamento: i) do incidente de assunção de competência e ao de resolução de demandas repetitivas; ii) da remessa necessária e iii) não unânime proferido, nos tribunais, pelo plenário ou pela corte especial.

5.3.6.1. Consequência da não adoção da técnica da extensão do julgamento nas hipóteses legais

A não observância da ampliação do quórum nas hipóteses legais constitui grave violação às regras de julgamento e nulifica o julgamento por constituir *error in procedendo*, conforme já salientou o Superior Tribunal de Justiça.[282]

A superação do vício se dá com a desconstituição do julgado e a sucessiva realização do julgamento nos termos definidos pela norma.[283] Com efeito, é "inviável ao Superior Tribunal de Justiça sanar a nulidade apontada, pois o art. 942 do CPC enuncia uma técnica de observância obrigatória pelo órgão julgador, devendo ser aplicada no momento imediatamente posterior à colheita dos votos e à constatação do resultado não unânime quanto à preliminar".[284]

---

[282] RECURSO ESPECIAL. PROCESSUAL CIVIL. CPC/15. ART. 942, *CAPUT*, DO CPC. JULGAMENTO NÃO UNÂNIME DE QUESTÃO PRELIMINAR. APELAÇÃO ADESIVA. (...) 7. No caso, o Tribunal de origem, ao deixar de ampliar o quórum da sessão realizada no dia 9/6/2016, diante da ausência de unanimidade com relação à preliminar de não conhecimento da apelação interposta de forma adesiva pelo autor, inobservou o enunciado normativo inserto no art. 942 do CPC, sendo de rigor declarar a nulidade por "error in procedendo". 8. Ainda que a preliminar acolhida pelo voto minoritário careça de previsão legal, inviável ao Superior Tribunal de Justiça sanar a nulidade apontada, pois o art. 942 do CPC enuncia uma técnica de observância obrigatória pelo órgão julgador, devendo ser aplicada no momento imediatamente posterior à colheita dos votos e à constatação do resultado não unânime quanto à preliminar. (...) 10. RECURSO ESPECIAL PROVIDO PARA DECLARAR A NULIDADE DO JULGAMENTO DAS APELAÇÕES, DETERMINANDO O RETORNO DOS AUTOS AO TRIBUNAL DE ORIGEM PARA QUE SEJA CONVOCADA NOVA SESSÃO PARA PROSSEGUIMENTO DO JULGAMENTO (STJ-3ª Turma, REsp 1798705/SC, Rel. Min. Paulo de Tarso Sanseverino, j. 22/10/2019, DJe 28/10/2019).

[283] AMARAL, Guilherme Rizzo. *Comentários às alterações do novo CPC*. São Paulo: Revista dos Tribunais, 2015, p. 967.

[284] STJ-3ª Turma, REsp 1798705/SC, Rel. Min. Paulo de Tarso Sanseverino, j. 22/10/2019, DJe 28/10/2019.

A iniciativa pode partir de qualquer um dos julgadores, ao perceber o erro, por exemplo, quando da proclamação do resultado ou do exame da ata de julgamento. Pode também se originar de qualquer prejudicado, por meio de embargos de declaração e, sendo necessário, através da interposição de recurso.

5.3.7. *Dispersão de votos*

Existe a possibilidade, mesmo nos órgãos de apenas três componentes,[285] de que não se logre alcançar a maioria de votos em favor de qualquer das decisões propostas.[286] Surge, então, um problema que não encontra resposta no Código, chamado de *partage* pelos franceses e *discordia* pelos espanhóis.[287]

A dificuldade é repetida em diversos ordenamentos e deles a doutrina nacional tem extraído as possíveis soluções.[288] Por primeiro, há que separar as hipóteses de divergência exclusivamente *quantitativa* das de divergência *qualitativa*.

Tratando-se de divergência apenas com relação à quantidade, as soluções se apresentam mais fáceis.

Pelo sistema da *continência*, procura-se identificar qual das quantidades fixadas nos diferentes votos se acha *contida* no menor número de pronunciamentos suficientes para compor a maioria. Os votos são dispostos em ordem decrescente de grandeza, de acordo com o *quantum* que indicaram. Inicia-se com aquele que fixou a maior quantidade e segue-se num declínio de grandeza, até que se reúna um número de votos superior à metade do total. Prevalecerá o *quantum* fixado no último dos votos necessários para atingir-se este número. Assim, por exemplo, se forem cinco julgadores, tendo o primeiro fixado o valor dos danos morais em R$ 8.000,00, o segundo em R$ 6.000,00, o terceiro em R$ 3.000,00, o quarto em R$ 2.000,00 e o quinto em R$ 1.000,00, deverá sair vitorioso o terceiro voto, que arbitrou os danos em R$ 3.000,00,

---

285 Isto porque não está o terceiro julgado (no caso de colegiado formado por três), consoante o Código atual, obrigado a promover o desempate, isto é, aderir a uma das posições discordantes, podendo sugerir solução distinta da proposta pelo relator e pelo segundo julgador (MOREIRA, José Carlos Barbosa. *Comentários ao Código de Processo Civil*, vol. 5. 14ª ed. Rio de Janeiro: Forense, 2008, p. 669-670).

286 Consoante ressaltava Ovídio Araujo Baptista da Silva, o fenômeno poderia ocorrer em qualquer julgamento colegiado, mas era mais frequente nos antigos embargos infringentes (SILVA, Ovídio Araújo Baptista da. *Curso de processo civil: processo de conhecimento*, 1º vol. 7ª ed. São Paulo: Revista dos Tribunais, 2006, p. 426).

287 MOREIRA, *loc. cit.*, p. 669.

288 Especialmente Barbosa Moreira, que faz uma clara exposição das soluções oferecidas no passado e hoje em França, Alemanha, Itália, Argentina, Brasil, entre outros (MOREIRA, *loc. cit*, p. 669-672).

porque esta condenação esta contida em três votos, o que é suficiente para formar a maioria.

Essa foi a solução adotada pelo RITJRS, conforme se vê pelo seu art. 232, que menciona:

> Nos julgamentos cíveis, se não obtida a maioria, proceder-se-á do seguinte modo:
> (...)
> II – se houver divergência em relação ao quantum da condenação, de modo que não haja maioria nessa parte, somam-se os votos em ordem decrescente, até ser atingida a maioria absoluta
> (...)

Oferece-se, ainda, para solucionar o problema da divergência da discórdia de votos em relação ao *quantum*, o sistema da média aritmética, que consiste em somar as várias quantidades indicadas nos votos divergentes e, em seguida, dividir o resultado pelo número de votos. Desta forma, considerando o exemplo acima, somando-se todos os montantes indicados (R$ 8.000,00 + R$ 6.000,00 + R$ 3.000,00 + R$ 2.000,00 + R$ 1.000,00) e dividindo o total encontrado pelo número de juízes que votaram (5) encontrar-se-ia como resultado o valor de R$ 4.000,00, que deveria ser, então, o *quantum* dos danos morais.

Tratando-se de discórdia qualitativa, a solução não é tão simples.

Dentre as várias formas de superar o problema, indicadas pela prática e pela doutrina, destacam-se as seguintes:

a) a que obriga os juízes adeptos das soluções que encontraram menor número de adeptos a optar por uma daquelas com maior número de votantes, desfazendo o desempate;

b) a que determina a convocação de outros juízes para participarem do julgamento, propiciando a superação da discórdia;

c) a que manda realizar nova votação entre duas das soluções discordantes, eliminando-se a que for vencida, e depois a uma terceira votação, entre a solução vencedora e qualquer das outras, repetindo-se o procedimento sucessivamente, até que só restem duas soluções, das quais será adotada, como pronunciamento do órgão, a que reunir maior número de sufrágios.

Esta terceira opção parece ser a mais indicada para superar o problema da discórdia, evitando o constrangimento de os julgadores terem que abandonar seus votos para aderirem a correntes mais numerosas e também a inconveniência de se convocarem outros juízes para o julgamento.

De qualquer sorte, na ausência de regulamentação pelo Código, fica a cargo dos próprios tribunais, por meio de seus regimentos internos, a previsão de uma forma para eliminação deste possível problema.

5.3.8. Proclamação do resultado

"Proferidos os votos, o presidente anunciará o resultado do julgamento, designando para redigir o acórdão o relator, ou, se vencido este, o autor do primeiro voto vencedor". Esta é a redação do art. 941, *caput*.

Em que pese o Código não exija expressamente, tem-se como adequado declarar como se deu o julgamento em cada uma das suas etapas – preliminares e mérito –, refletindo-o com fidelidade. Assim, *v.g.*, se se ultrapassou uma preliminar por maioria, isso deve restar consignado, ainda que no mérito, a votação tenha sido unânime. Tal exigência, aliás, é feita pelo art. 236 do RITJRS, nos seguintes termos:

> Art. 236. O Presidente anunciará o resultado do julgamento e assinará digitalmente o extrato referente ao processo, que deverá conter as soluções dadas às preliminares, aos agravos e ao mérito, e inclusive os votos vencidos (...)

A proclamação deve ser fiel à votação, devendo precisar, minuciosamente, a extensão da divergência, quando houver. Caso a proclamação do resultado não seja fidedigna, qualquer um dos votantes poderá denunciar, de imediato, por meio de reclamação. Também os advogados, pedindo a palavra pela ordem, estão autorizados a requerer a retificação (art. 7º, X, da Lei nº 8.906/94).

Não parece razoável, contudo, consoante advertia voz das mais sensatas, que apenas no momento do julgamento em sessão seja a correção viável, consumando-se em seguida a preclusão. "A hipótese de restabelecimento do verdadeiro resultado da votação é inconfundível com a de alteração de voto: a possibilidade desta exaure-se com a proclamação pelo presidente, mas a daquela – que só se concebe, é claro, depois de feito o anúncio – não deve ficar confinada nos breves instantes que se seguem à fala da presidência".[289]

Desta forma, se o erro não foi percebido de imediato, nem por isso deve-se perpetuar. O art. 494, I, admite a correção, *ex officio*, de erros materiais. Portanto, por iniciativa de qualquer dos julgadores, o processo pode retornar à mesa em uma das sessões subsequentes para que tenha a tira ou extrato de julgamento retificada.[290]

O RITJRS prevê, em seu art. 236, § 1°, o cabimento da correção do "resultado da votação constante da ata e do extrato, se não corresponder ao que foi decidido. A retificação será lançada na ata da sessão em que foi feita".

---

[289] MOREIRA, José Carlos Barbosa. *Comentários ao código de processo civil*, vol. V, 14ª ed. Rio de Janeiro: Forense, 2008, p. 677.

[290] ASSIS, Araken de. *Manual dos Recursos*. 8ª ed. São Paulo: Revista dos Tribunais, 2016, p. 477.

O RITJSP, em seu art. 161, dispõe que "antes da assinatura do acórdão, a Secretaria conferirá a minuta e a tira; havendo divergência, o presidente, ouvido o relator, a submeterá à turma julgadora, na primeira sessão que se seguir".

Subsistindo o erro no acórdão, configura-se a contradição entre o que foi efetivamente decidido e o que consta como decidido, sendo hipótese de correção pela via dos embargos de declaração.[291]

O RITJSP, nada obstante, admite que as inexatidões e os erros de escrita ou de cálculo, contidos no acórdão, sejam corrigidos por despacho do relator, de ofício ou a requerimento do interessado (art. 161, § 1º), bem como que divergências entre o acórdão já publicado e a tira ou a ata, sejam retificadas, a pedido de qualquer julgador, na sessão de julgamento (art. 161, § 2º).

O Superior Tribunal de Justiça já admitiu a correção do resultado proclamado mesmo após o trânsito em julgado, em razão de verificar que aquele estava "clara e completamente dissociado de toda a motivação e do dispositivo, revelando nítida incoerência interna no acórdão, o que compromete o fim último da atividade jurisdicional que é a entrega da decisão congruente e justa para permitir a pacificação das pessoas e a eliminação dos conflitos".[292]

Não se há confundir, contudo, tal possibilidade, com a de alteração de voto, que, como dito anteriormente, só é permitida até a proclamação do resultado.

5.3.9. O acórdão e sua redação

Acórdão, nos termos do art. 204, é a peça escrita que registra o julgamento pelo colegiado. Será ele, nos termos do art. 941, redigido pelo seu relator, desde que vencedor o seu voto. Do contrário, vencido este, o Presidente designará para redigir o acórdão o autor do primeiro voto vencedor.

Nenhuma consequência há, contudo, com a inobservância da ordem estipulada, desde que o acórdão reproduza com fidelidade o que passou na sessão de julgamento.

O art. 943, *caput*, em sintonia com a evolução tecnológica – pouco prestigiada no Código[293] – e com as normas que procuram emprestar

---

[291] MOREIRA, José Carlos Barbosa. *Comentários ao código de processo civil*, vol. V. 14ª ed. Rio de Janeiro: Forense, 2008, p. 677.

[292] STJ-3ª Turma, REsp 1685092/RS, Rel. Min. Nancy Andrighi, j. em 18/02/2020, DJe 21/02/2020.

[293] Concordamos neste ponto com Elaine Harzheim Macedo, que afirma que o "processo eletrônico foi, de modo geral, insuficientemente tratado no Código de Processo Civil" (MACEDO, Elaine

maior celeridade aos procedimentos, autoriza que o acórdão seja registrado em documento eletrônico inviolável e assinado eletronicamente.

Os julgamentos dos tribunais, no entanto, nem sempre originarão acórdãos, pois nem sempre serão colegiados.[294] O Código de Processo Civil, como já se mencionou, também autoriza que julgamentos sejam realizados por um único juiz, ao que denominamos decisões monocráticas ou singulares.

5.3.9.1. Elementos essenciais do acórdão

Consoante estatui o art. 489 e seus incisos, aplicável também aos acórdãos,[295] no que couber,[296] conjugado com o art. 943, § 1º, constituem-se elementos destes: i) o relatório; ii) o voto (fundamentos de fato e de direito); iii) dispositivo e a iv) ementa.

O RITJSP, em seu art. 158, adiciona como elementos do acórdão: i) a data da sessão de julgamento; ii) os nomes do Presidente, relator e integrantes do órgão colegiado e a indicação do órgãos julgador; iii) o número do feito e os nomes das partes e iv) os nomes dos vencidos, quer em questão de ordem ou preliminar, quer no mérito.

Vejamos cada um destes elementos nos tópicos seguintes.

5.3.9.1.1. Relatório

O relatório conterá, nos termos do art. 489, I, os nomes das partes, a identificação do caso, com a suma do pedido e da contestação, e o registro das principais ocorrências havidas no andamento do processo.

O relatório é a parte neutra da decisão, na qual o juiz historia tudo quanto ocorreu no curso do processo que seja relevante para a tomada de decisão, iniciando pela narrativa do pleito do autor, prosseguindo com a resposta do réu e assim em diante, respeitando a cronologia dos fatos e expondo os pontos controvertidos, demonstrando, com isso, que leu efetivamente os autos e compreendeu a controvérsia.

Nos recursos, notadamente quando a controvérsia envolver questão incidental, o relatório pode seguir *iter* distinto, não sendo neces-

---

Harzheim. Anotações aos artigos 929 a 946. *Novo Código de Processo Civil Anotado*, Porto Alegre: OAB RS, 2015, p. 704).

294 AMARAL, Guilherme Rizzo. *Comentários às Alterações do Novo CPC*. São Paulo: Revista dos Tribunais, 2015, p. 302.

295 ASSIS, Araken de. *Manual dos Recursos*. 8ª ed. São Paulo: Revista dos Tribunais, 2016, p. 483.

296 MOREIRA, José Carlos Barbosa. *Comentários ao código de processo civil*, vol. V. 14ª ed. Rio de Janeiro: Forense, 2008, p. 706.

sário, por vezes, que se exponha toda a questão de fundo tratada nos autos, mas apenas o que for relevante para decidir acerca da inconformidade trazida pelo recorrente. Natural, portanto, que o relato parta das alegações do recorrente para sua discordância da decisão recorrida, seguindo para os argumentos trazidos pelo recorrido em contrarrazões, fazendo referência apenas ao que for necessário para dirimir a controvérsia. O relatório ainda tem a missão de dar conhecimento do feito aos membros do colegiado que não tiveram acesso aos autos e mesmo reavivar a memória daqueles que estiveram com os autos em mãos.

A exposição do relatório deve ser puramente objetiva. Não deve no relatório o juiz antecipar sua opinião, nem adotar tom de crítica ou aprovação a qualquer ato ou pronunciamento das partes ou, sendo o caso, de outro órgão judicial que antes haja funcionado no processo.

O relatório é requisito essencial e indispensável do acórdão, de sorte que a sua ausência prejudica a segura análise da controvérsia. Desta forma, reputa-se nulo o acórdão que, em inobservância ao art. 489, não contenha relatório.[297]

5.3.9.1.2. Voto

A fundamentação é o ponto no qual o juiz deve expor os motivos do seu convencimento por uma ou outra tese, por uma ou outra versão. Deve o julgador explicitar o itinerário lógico que percorreu o seu raciocínio até a alcançar a conclusão.[298]

A motivação reproduz, no mais das vezes, algo a mais do que um estudo feito pelo julgador no intuito de alcançar uma "boa forma de julgar, um exame de consciência sucessivo, realizado pelo juiz para que ele próprio se convença de haver bem julgado. A motivação é uma prova lógica para controlar, à luz da Razão, a bondade de uma decisão fruto de sentimento".[299]

A fundamentação é hoje garantia constitucional, prevista no art. 93, IX, da CF, que preceitua que "todos os julgamentos dos órgãos do Poder Judiciário serão públicos, e fundamentadas todas as decisões, sob pena de nulidade (...)".

297 Neste sentido: STJ-1ª Turma, RMS 25.082/RJ, Rel. Ministra Denise Arruda, Primeira Turma, julgado em 21/10/2008, DJe 12/11/2008. Na mesma linha: TJMG – 14ª CC, AC 1.0572.14.003683-9/001, Relator(a): Des.(a) Cláudia Maia, julg. 24/01/0019, publicação da súmula em 01/02/2019.

298 Teresa Arruda Alvim Wambier, em sentido contrário, acredita que a motivação da sentença não exprime o *iter* que o juiz percorreu até a decisão (WAMBIER, Teresa Arruda Alvim. *Nulidades da sentença*. 3ª ed. São Paulo: Revista dos Tribunais, 1993, p. 195).

299 CALAMANDREI, Piero. *Processo e Democracia*. Pádua: Cedam, 1952, p. 102.

O CPC atual, em aprimoramento do anterior, buscando dar pistas do que vem a ser uma decisão fundamentada, definiu, em seu art. 489, § 1º, o que não se considera uma decisão fundamentada. Dispõe a norma:

> Art. 489, § 1º. Não se considera fundamentada qualquer decisão judicial, seja ela interlocutória, sentença ou acórdão, que:
>
> I – se limitar à indicação, à reprodução ou à paráfrase de ato normativo, sem explicar sua relação com a causa ou a questão decidida;
>
> II – empregar conceitos jurídicos indeterminados, sem explicar o motivo concreto de sua incidência no caso;
>
> III – invocar motivos que se prestariam a justificar qualquer outra decisão;
>
> IV – não enfrentar todos os argumentos deduzidos no processo capazes de, em tese, infirmar a conclusão adotada pelo julgador;
>
> V – se limitar a invocar precedente ou enunciado de súmula, sem identificar seus fundamentos determinantes nem demonstrar que o caso sob julgamento se ajusta àqueles fundamentos;
>
> VI – deixar de seguir enunciado de súmula, jurisprudência ou precedente invocado pela parte, sem demonstrar a existência de distinção no caso em julgamento ou a superação do entendimento.

Desta forma, resta claro, nos termos do inciso I do § 1º do art. 489, que não apresentará fundamentação suficiente o acórdão que se limitar a reproduzir texto legal, sem interpretá-lo à luz da controvérsia posta nos autos. "O processo hermenêutico de subsunção é imprescindível para que, de um lado, possa ser adequadamente interpretada a convicção do julgador e, ainda, de outro, ser feito o controle crítico do ato decisório".[300]

Outrossim, conforme o inciso II do § 1º do art. 489, considera-se não fundamentada a decisão que se valer de conceitos jurídicos indeterminados, bem como cláusulas gerais e princípios jurídicos, sem externar a razão pela qual entende estes aplicáveis ao caso concreto. Desta forma, quando o julgador, por exemplo, "se nortear pelo princípio da proporcionalidade, tem ele o mister de explicitar, tanto quanto possível de forma objetiva, a razão pela qual aquele fundamento, nas fronteiras do caso concreto, determina a procedência ou improcedência do pedido".[301]

A decisão padronizada, utilizada para, supostamente, resolver inúmeros casos, sem observar as suas peculiaridades e argumentos próprios, também não apresenta fundamentação, segundo o inciso III do § 1º do art. 489.

A prática nos deixa ver que um sem-número de decisões incide neste vício, notadamente aquelas proferidas no juízo de admissibi-

[300] CRUZ E TUCCI, José Rogério. Nulidade das decisões judiciais por defeito de motivação. *Revista Consultor Jurídico*, 21 de novembro de 2017, acesso em 24 de março de 2020.

[301] *Ibidem*.

lidade dos recursos excepcionais e de indeferimento de pedidos de tutela provisória.

De igual modo, será uma decisão carente de fundamentação, segundo inciso IV do § 1º do art. 489, aquela que não examinar todos os argumentos trazidos pelas partes, cingindo-se a se manifestar apenas sobre aqueles necessários para amparar a decisão em determinado sentido. Esta prática é absolutamente comum nos nossos tribunais. Juízes deixam de explicitar por que os argumentos do sucumbente não se prestam para tutelar o seu direito, limitando-se a acolher determinada tese do vencedor que não necessariamente se contrapõe, sequer implicitamente, à do adversário.

O inciso V do § 1º do art. 489 reforça a previsão do inciso III do mesmo artigo. Não basta ao julgador referir a aplicação de uma súmula ou de um precedente, sem fazer a devida harmonização com o caso concreto. Deve a decisão demonstrar de que forma e em que medida há similaridade do caso em julgamento com o enunciado da súmula ou com o precedente invocado.

Na mesma linha, se a decisão deixar de aplicar uma súmula ou precedente trazido por uma das partes, deverá explicitar por que entende que este não se amolda ao caso dos autos. É o que dispõe o inciso VI do § 1º do art. 489.

A norma, se bem observada, terá "significativa repercussão nos desdobramentos processuais, vez que reduzem o espaço de discricionariedade jurisdicional e obrigam o juízo a ser preciso na explicitação dos seus argumentos ao decidir".[302]

É nulo, evidentemente, o acórdão não fundamentado ou com fundamentação deficiente ou precária. E a nulidade da fundamentação, por ser absoluta, pode ser declarada de ofício pelo julgador.[303]

---

302 PORTO, Sérgio Gilberto. *Processo civil contemporâneo*: elementos, ideologia e perspectivas, Salvador: Juspodivm, 2018, p. 124.

303 RECURSO ESPECIAL. PROPRIEDADE INDUSTRIAL. AÇÃO DE NULIDADE DE REGISTRO DE MARCA. VOLVO / VOLCAM. APELAÇÃO. JULGAMENTO. QUESTÕES PERTINENTES E RELEVANTES, CAPAZES DE INFIRMAR AS CONCLUSÕES ALCANÇADAS, NÃO ENFRENTADAS PELO TRIBUNAL A QUO. FUNDAMENTAÇÃO DEFICIENTE. VIOLAÇÃO DO ART. 489, § 1º, IV, DO CPC/15. (...) 6. Conquanto o julgador não esteja obrigado a rebater, com minúcias, cada um dos argumentos deduzidos pelas partes, o Código de Processo Civil de 2015, exaltando os princípios da cooperação e do contraditório, lhe impõe o dever de enfrentar todas as questões capazes de, por si sós e em tese, infirmar as conclusões alcançadas acerca dos pedidos formulados pelas partes, sob pena de se reputar não fundamentada a decisão proferida (art. 489, § 1º, IV). 7. Na hipótese, mostra-se deficiente a fundamentação do acórdão recorrido, o qual, ao confirmar o indeferimento dos pedidos deduzidos na inicial, deixou de apreciar as questões suscitadas pela recorrente relativas à associação indevida causada pela marca impugnada, à caracterização da má-fé da recorrida, à diluição do poder distintivo do sinal registrado, à configuração de concorrência desleal, ao reconhecimento alcançado pela marca VOLVO perante o público consumidor, dentre outras circunstâncias fáticas inviáveis de enfrentamento em sede de recurso

5.3.9.1.3. *Dispositivo*

O dispositivo é a parte da sentença ou do acórdão em que explicitamente se acolhe ou se rejeita o pedido do autor, julgando-o procedente ou improcedente. Em se tratando de acórdão que julgou recurso, o dispositivo mencionará se houve provimento ou improvimento, ou seja, acolhimento ou não das razões recursais e reforma ou manutenção da sentença. Havendo reforma, o acórdão deverá conter dispositivo idêntico ao que consta na sentença, inclusive com nova distribuição dos encargos sucumbenciais.

5.3.9.1.4. *Ementa*

Consoante o art. 943, § 1°, todo o acórdão deverá conter ementa. Consiste a ementa no enunciado sintético das principais questões decididas no acórdão e das teses jurídicas nele enfrentadas.

Atingirá seu objetivo quando permitir que por meio da sua leitura se identifique, em tempo consideravelmente menor do que aquele exigido para a leitura integral do acórdão, do que tratou o processo e qual a decisão a que chegou o órgão colegiado.

Mas sua importância não se restringe a isso. A ementa, por se constituir em resumo do que restou decidido, poderá ser invocada como precedente em julgamentos posteriores. Daí a importância de que seja fiel ao que constou no texto do acórdão; do contrário, poderá criar um falso precedente.

Além destes requisitos, o acórdão deverá conter a parte autenticativa, com a assinatura – que poderá ser eletrônica, conforme autoriza o *caput* do art. 943 – do relator e, sendo caso, do redator do acórdão e daqueles julgadores que houverem declarado voto.

5.3.9.1.5. *Elementos de identificação e autenticação*

Decerto, para o bem da transparência e para facilitar a identificação e o trabalho e as atividades subsequentes, os acórdãos deverão registrar outras informações relevantes.

Com efeito, fundamental que conste no acórdão: i) o número do processo em primeiro grau e segundo grau de jurisdição; ii) o nome das partes, com o devido destaque de quem é o recorrente e de quem é o recorrido; iii) a data em que ocorreu a sessão de julgamento; iv) o órgão julgador e os nomes dos participantes do julgamento, com desta-

especial, ante o óbice da súmula 7/STJ. RECURSO ESPECIAL PROVIDO. (REsp 1819062/RJ, Rel. Ministra NANCY ANDRIGHI, TERCEIRA TURMA, julgado em 11/02/2020, DJe 13/02/2020).

que dos vencedores e vencidos, tanto nas questões preliminares como no mérito, e v) a assinatura ao menos do relator e do eventual redator para acórdão.

O RITJSP, atento à necessidade destes elementos, os fez constar como integrantes obrigatórios do acórdão em seus arts. 158 e 159: i) a data da sessão de julgamento e a indicação do órgão julgador; ii) os nomes do Presidente, relator e integrantes da turma julgadora; iii) a súmula do que ficar decidido, inclusive em questão de ordem, preliminar e agravo retido; iv) o número do feito e os nomes das partes; v) os nomes dos vencidos, quer em questão de ordem ou preliminar, quer no mérito; vi) assinatura do relator e, facultativamente, do Presidente da sessão.

5.3.10. Publicação do acórdão

Após lavrado e assinado,[304] o acórdão será publicado no órgão oficial. A publicação objetiva dar ciência às partes e, principalmente, aos seus advogados. A lei não exige a publicação do inteiro teor do acórdão,[305] mas apenas da sua ementa, que "é o título do acórdão do qual devem constar, de forma sintética, menção às principais matérias decididas no julgamento e a descrição das teses adotadas pelo órgão julgador".[306]

Determina o § 2° do art. 943 que a publicação da ementa se dê dentro de 10 (dez) dias. Não estipula a norma, contudo, o termo inicial do prazo, concluindo-se que flui da entrega dos autos à secretaria por aquele incumbido da redação do acórdão.

Tal prazo é impróprio.[307] Em verdade é "dirigido aos juízes e às secretarias", e o seu descumprimento "não atinge, de modo nenhum, a decisão".

O art. 944 dispõe que na hipótese de não haver a publicação do acórdão dentro do prazo de 30 (trinta) dias, contado da data sessão de julgamento, as notas taquigráficas o substituirão para todos os fins legais, independentemente de revisão. Neste caso, nos termos do pará-

---

304 O acórdão, em regra, é subscrito pelo relator. Vencido este, deverá o acórdão ser assinado também pelo seu redator que, em geral, é o autor do primeiro voto vencedor. Preceitua o art. 202 do RITJRS: "O acórdão será redigido pelo Relator e apresentado para publicação no prazo de trinta (30) dias. (...) § 2° Quando o Relator for vencido, será designado para Redator do acórdão o julgador que proferiu o primeiro voto vencedor. O Relator vencido na preliminar, ou só em parte no mérito, redigirá o acórdão. § 3° O Relator rubricará as folhas do acórdão que não tenham sua assinatura".

305 PONTES DE MIRANDA, Francisco Cavalcanti. *Comentários ao Código de Processo Civil*, t. VIII: arts. 539 a 565. 2ª ed. Rio de Janeiro: Forense, 2000, p. 253.

306 NERY JUNIOR, Nelson; NERY, Rosa Maria de Andrade. *Comentários ao Código de processo civil*. São Paulo: Revista dos Tribunais, 2015, p. 1872.

307 ASSIS, Araken de. *Manual dos Recursos*. 8ª ed.São Paulo: Revista dos Tribunais, 2016, p. 487.

grafo único do mesmo artigo, caberá ao Presidente do tribunal lavrar, de imediato, as conclusões e a ementa e mandar publicar o acórdão.

É da publicação no órgão oficial da decisão, e não da publicação do resultado, que correrão os prazos para eventuais recursos ainda possíveis (art. 1.003, *caput*). Com efeito, sem a publicação do conteúdo da decisão, a parte ou interessado não terá elementos para poder interpor o recurso cabível.[308]

Havendo erro na publicação a ponto de gerar dúvidas e causar prejuízo a qualquer das partes, é indispensável que haja a republicação das conclusões do acórdão, a ser determinada em atendimento a requerimento da parte ou em decisão de embargos de declaração[309] ou mesmo *ex officio*.[310] Ocorrendo nova publicação, é da data desta que deverá correr o prazo para outros recursos.[311]

Nos termos do art. 1.004, na hipótese de ocorrência, durante o prazo para a interposição de recurso, de força maior que suspenda o curso do processo ou de falecimento da parte ou de seu advogado, o prazo deverá ser restituído em proveito da parte, herdeiro ou do seu sucessor, contra quem começará a correr novamente depois da intimação.

A doença do advogado, em regra, não caracteriza força maior para fins de restituição do prazo recursal, salvo se esta, por exemplo, o impossibilitou inclusive de substabelecer a procuração.[312] A greve de advogados públicos ou a dos correios também não dá ensejo à devolução do prazo para a interposição de recursos.[313] De outro lado, a paralisação dos serviços judiciais justifica a restituição do prazo, pois constitui obstáculo ao curso regular do processo.[314]

Não havendo a interposição de qualquer dos recursos cabíveis no prazo legal, deverá ser certificado o trânsito em julgado, com menção expressa da data da sua ocorrência, cabendo ao escrivão ou ao chefe de secretaria, independentemente de despacho, providenciar a baixa dos autos ao juízo de origem no prazo de 5 (cinco) dias, consoante determina o art. 1.006.[315]

---

[308] NERY JUNIOR, Nelson; NERY, Rosa Maria de Andrade. *Comentários ao Código de processo civil*. São Paulo: Revista dos Tribunais, 2015, p. 2032.

[309] PONTES DE MIRANDA, Francisco Cavalcanti. *Comentários ao Código de Processo Civil*, t. VIII: arts. 539 a 565. 2ª ed. Rio de Janeiro: Forense, 2000, p. 253.

[310] MOREIRA, José Carlos Barbosa. *Comentários ao Código de Processo Civil*, vol. V. 14ª ed. Rio de Janeiro: Forense, 2008, p. 711.

[311] *Ibidem*.

[312] STJ, 4ª Turma, EDcl no AREsp 225773/SP, rel. Min. Antonio Carlos Ferreira, j. 20.03.2014.

[313] STJ, 2ª Turma, REsp 1280063-RJ, rel. Min. Eliana Calmon, j. 4.6.2013.

[314] STJ, REsp 11618, rel. Min. Barros Monteiro, j. 4.8.1992.

[315] PONTES DE MIRANDA, *loc. cit.*, p. 254.

5.3.11. *Baixa dos autos ao juízo de origem*

Não havendo a interposição de qualquer dos recursos cabíveis no prazo legal, deverá ser certificado o trânsito em julgado, com menção expressa da data da sua ocorrência, cabendo ao escrivão ou ao chefe de secretaria, independentemente de despacho, providenciar a baixa dos autos ao juízo de origem no prazo de 5 (cinco) dias, contados do trânsito em julgado,[316] consoante determina o art. 1.006.[317]

O trânsito em julgado, vale dizer, ocorre independentemente de certidão ou declaração,[318] bastando que ocorra o decurso do prazo para outros recursos ou mesmo o esgotamento das vias recursais. Tal fato é relevante, por exemplo, para fins de contagem do prazo decadencial para o ajuizamento de ação rescisória. Com efeito, o STJ tem orientação firme no sentido de que "o trânsito em julgado da última decisão proferida no processo rescindendo deve ser aferido pelo transcurso do prazo recursal e não pela certidão de trânsito em julgado",[319] que pode ter data diversa.

Em relação ao agravo de instrumento há divergência acerca do seu destino após o trânsito em julgado. Tendo em vista que se processa inteiramente dentro do Tribunal, há quem defenda que os autos nele devem ficar arquivados,[320] não se justificando a sua remessa ao primeiro grau,[321] pois além de ser mais onerosa, servirá apenas para avolumar os autos do processo principal e em pouco ou nada contribuirá para o julgador singular, que já terá tomado conhecimento das razões do recurso, em razão da exigência do art. 1.018, bem como do seu resultado.

A prevalência do processo eletrônico, de qualquer sorte, tornará obsoleta a discussão.

---

[316] ASSIS, Araken de. *Manual dos Recursos*. 8ª ed. São Paulo: Revista dos Tribunais, 2016, p. 487.

[317] PONTES DE MIRANDA, Francisco Cavalcanti. *Comentários ao Código de Processo Civil*, t. VIII: arts. 539 a 565. 2ª ed. Rio de Janeiro: Forense, 2000, p. 254.

[318] AMARAL, Guilherme Rizzo. *Comentários às Alterações do Novo CPC*. São Paulo: Revista dos Tribunais, 2015, p. 1017.

[319] STJ, 2ª Turma, AgInt nos EDcl no REsp 1622029/SC, Rel. Min. Francisco Falcão, j. 11.06.2019, DJe 14.06.2019.

[320] Neste sentido: WAMBIER, Teresa Arruda Alvim. *O novo regime do agravo*. 2ª ed. São Paulo: Revista dos Tribunais, 1996, p. 165.

[321] Neste sentido: ALVIM, J. E. Carreira. *Novo agravo*. 5ª ed. Rio de Janeiro: Forense, 2003, 139-140; ALLA, Valentina Jungmann Cintra. *O recurso de agravo e a Lei 9.139, de 30.11.1995*. São Paulo: Revista dos Tribunais, 1998. p. 133.

6. *Incidentes no curso do julgamento dos recursos*

6.1. Incidente de Assunção de Competência

Natural que em órgãos colegiados haja diversas interpretações quanto ao direito aplicável a casos iguais. A divergência é mesmo desejável e tida como fundamental ao desenvolvimento do direito. Estranha-se, aliás, quando o órgão, nada obstante a inevitável diferença entre "os modos de ser e de pensar de cada juiz", apresente julgamentos invariavelmente unânimes.[322]

Não se tolera, de outro lado, "que a vitória ou a sucumbência da parte se determine pela sorte, conforme a distribuição de seu processo se faça a esta ou aquela Câmara. Se todos são iguais perante a lei (CRFB, art. 5°), não se concebe que o Tribunal trate uns diferentemente dos outros, em identidade de circunstâncias".[323]

Com efeito, a ausência de paridade entre decisões de casos similares é fruto de perplexidade para os jurisdicionados, que se sentem inseguros quanto aos seus direitos. De todo, portanto, indesejáveis tais episódios, embora inevitáveis.

Daí a necessidade de um instrumento que seja capaz de manter a unidade da jurisprudência do tribunal,[324] ao menos em hipóteses em que as divergências internas, em vez de representarem uma saudável dialética, ocasionam insuportável insegurança jurídica, enfraquecedora do Judiciário.

Um dos instrumentos que o atual Código disponibiliza é o incidente de assunção de competência, uma bem-sucedida modernização da antiga uniformização de jurisprudência.

---

322 TESHEINER, José Maria Rosa. Uniformização de Jurisprudência. *Revista da Ajuris*, v. 50, Porto Alegre: AJURIS, 1990, p. 178-183.

323 *Ibidem.*

324 NERY JUNIOR, Nelson; NERY, Rosa Maria de Andrade. *Código de Processo Civil e legislação processual civil extravagante em vigor*. 4ª ed. São Paulo: Revista dos Tribunais, 2007.

6.1.1. *Evolução legislativa e aspectos gerais dos instrumentos de uniformização de jurisprudência nos tribunais*

O incidente de uniformização de jurisprudência, por muitos anos, reinou absoluto como o principal instrumento para atingir tal finalidade. O CPC de 1973 o previu em seu art. 476, que assim dispôs:

> Art. 476. Compete a qualquer juiz, ao dar o voto na turma, câmara, ou grupo de câmaras, solicitar o pronunciamento prévio do tribunal acerca da interpretação do direito quando:
>
> I – verificar que, a seu respeito, ocorre divergência;
>
> II – no julgamento recorrido a interpretação for diversa da que lhe haja dado outra turma, câmara, grupo de câmaras ou câmaras cíveis reunidas.

Contudo, alguns inconvenientes inibiram a utilização desse incidente em maior escala, sendo o principal deles o retardamento ao julgamento do processo que inevitavelmente ocasiona. De fato, tendo em vista que o incidente de uniformização de jurisprudência obedecia a procedimento complexo que determinava "idas e vindas" dos autos, inevitavelmente a sua instauração procrastinava a solução do feito.

De fato, consoante se extrai da leitura dos arts. 476 e seguintes do CPC revogado, o procedimento do incidente de uniformização se desdobrava em duas fases: uma que se processava perante o órgão competente para o julgamento do recurso, na qual se verificava a admissibilidade do incidente; e outra que ficava a cargo do "tribunal", isto é, o órgão competente, nos termos do regimento interno (art. 96, I, *a*, da CF)[325] para uniformizar a jurisprudência.

Este trâmite, por si só, já era suficiente para retardar consideravelmente a solução do caso. Entretanto, ao finalizar-se esta segunda fase do procedimento, o julgamento do caso concreto sequer estaria ultimado, mas apenas solucionada a questão de direito objeto de divergência. Os autos ainda deveriam retornar ao órgão que suscitou o incidente, que se mantinha competente para o julgamento da causa, para daí sim ser finalizado o julgamento, com a aplicação da tese jurídica vencedora ao caso concreto. Assim, para que o caso fosse efetivamente julgado, eram necessários ao menos três julgamentos colegiados, em dois diferentes órgãos do tribunal.

Diante do problema, o legislador reformista optou, inicialmente, não por alterar a sistemática do incidente de uniformização, mas sim por criar o incidente de assunção da competência. Editou, então, a Lei nº 10.352/2001, que acrescentou ao art. 555 do CPC o seu § 1º, que assim dispõe:

---

[325] MOREIRA, José Carlos Barbosa. *Comentários ao Código de Processo Civil*, vol. V. 14ª ed. Rio de Janeiro: Forense, 2008, p. 20.

Art. 555. (...)

§ 1º Ocorrendo relevante questão de direito, que faça conveniente prevenir ou compor divergência entre câmaras ou turmas do tribunal, poderá o relator propor seja o recurso julgado pelo órgão colegiado que o regimento indicar; reconhecendo o interesse público na assunção de competência, esse órgão colegiado julgará o recurso.

Apesar da semelhança, a assunção de competência criada pelo § 1º do art. 555 do CPC/73 diferenciava-se da uniformização de jurisprudência,[326] em razão de haver a efetiva alteração da competência de julgamento. Com efeito, na assunção de competência, reconhecido o interesse público em eliminar divergência interna, ficava a cargo do órgão para o qual foi encaminhado o feito realizar o seu integral julgamento, e não apenas se pronunciar sobre a questão de direito objeto da divergência. Não havia, desta forma, a necessidade de retorno dos autos ao órgão suscitante[327] – como ocorria no incidente de uniformização da jurisprudência –, a menos que não se reconhecesse o interesse público na questão trazida nos autos a justificar a assunção da competência.

A diferença, aliás, foi o que fez o instituto da assunção de competência algo mais próspero que o seu coirmão, então previsto no art. 476 do CPC/73. Dispensando o retorno dos autos ao órgão originariamente competente, economizava-se tempo e energia.

No mais, revelavam os institutos idênticos intuitos:[328] harmonização das correntes jurisprudenciais dentro dos tribunais, com o fim de tornar congruentes e previsíveis os julgamentos de causas repetitivas,

---

326 Além da semelhança com o atual incidente de uniformização de jurisprudência, Ernani Fidélis dos Santos lembra que "o instituto tem certa semelhança com o antigo recurso de revista, que objetivava a unificação da jurisprudência do próprio tribunal, embora pareça, agora, ter uma extensão maior" (SANTOS, Ernani Fidélis dos. *Curso de Direito Processual Civil*, vol. 1º. 13ª ed. São Paulo: Saraiva, 2009, p. 723).

327 FUX, Luiz. *Curso de Direito Processual Civil*. Rio de Janeiro: Forense, 2004, p. 975.

328 Consoante explica Ovídio Araujo Baptista da Silva, o incidente de uniformização de jurisprudência (art. 476 do CPC) não é um recurso, por diversas razões: embora ocorra na mesma relação processual na qual ocorrera a divergência que se busca superar com o incidente, não satisfaz o requisito da voluntariedade, "uma vez que ele não é outorgado às partes como um direito, ou como uma forma de impugnação imperativa e vinculativa para os juízes. Em primeiro lugar, como se vê da própria redação do art. 476 do CPC, nem é a parte que o pode suscitar, e sim o próprio juiz, o que por si só, já seria suficiente para afastar a índole recursal desta técnica de revisão do ato jurisdicional. Em segundo lugar, quando a lei autoriza a parte a requerer que o julgamento obedeça ao procedimento indicado pelo art. 476, deixa claro que o expediente de uniformização de jurisprudência é uma forma procedimental do recurso originalmente interposto, e não um recurso autônomo. Por outro lado, permitindo a lei que a parte requeira, como diz o parágrafo único do art. 476, que o julgamento do recurso 'obedeça ao disposto neste artigo', o deferimento de tal pedido fica sempre condicionado a um juízo de conveniência do tribunal sobre a oportunidade de proceder-se ou não à uniformização dos pronunciamentos divergentes porventura existentes no seio do respectivo tribunal" (SILVA, Ovídio Araújo Baptista da. *Curso de processo civil*: processo de conhecimento, 1º vol. 7ª ed. São Paulo: Revista dos Tribunais, 2006, p. 448).

evitando respostas antagônicas a casos idênticos e a definição do destino dos jurisdicionados conforme a sorte na distribuição.[329]

No atual CPC, todavia, o legislador não deixou o incidente incólume e, nada obstante tenha mantido a sua alcunha, alterou sensivelmente o seu fundamento: deixou de ser o mote principal da assunção de competência a uniformização da jurisprudência, passando a ser a relevância da questão sob exame.

Nos termos do Código, havendo relevância da questão de direito sob análise, será admissível o incidente em duas hipóteses: a) grande repercussão social do julgamento, não repetida em múltiplos processos e b) conveniência de se prevenir ou compor divergência entre câmaras ou turmas do tribunal.

No mais, foi hábil o legislador em corrigir o que por muitos era tida como a principal falha do instrumento no Código anterior: a ausência de efeitos vinculantes para os demais julgamentos.

Com efeito, ao que passo que no Código anterior a decisão expedida no incidente vinculava tão somente o julgamento do próprio caso, não obrigando os órgãos do tribunal a segui-la,[330] no Código atual a decisão proferida no incidente de assunção de competência, conforme o § 3º do art. 947, "vinculará todos os juízes e órgãos fracionários, exceto se houver revisão de tese". A reclamação, ademais, tornou-se instrumento hábil o que poderá ser assegurado por meio de reclamação, conforme prevê o art. 988, IV.

6.1.2. Características

O art. 947, sob o título "Do Incidente de Assunção de Competência", prevê incidente que a doutrina, ao longo do tempo, ora denominou de incidente de relevante questão de direito, ora de afetação do

[329] Consoante Wambier, Almeida e Talamini, a uniformização de jurisprudência "é um expediente cujo objeto é evitar a desarmonia de interpretação de teses jurídicas, uniformizando, assim, a jurisprudência interna dos tribunais" (WAMBIER, Luiz Rodrigues; ALMEIDA, Renato Correia de; e TALAMINI, Eduardo. *Curso Avançado de Processo Civil*. 2ª ed. São Paulo, 1999, p. 742). Alexandre Câmara diz tratar-se de "um incidente processual, através do qual suspende-se um julgamento no Tribunal, a fim de que seja apreciado, em tese, o Direito aplicável à hipótese concreta, determinando-se a correta interpretação da norma jurídica que incide, ficando assim aquele julgado vinculado a esta determinação". (CÂMARA, Alexandre Freitas. *Lições de Direito Processual Civil*. 4ª ed. São Paulo: Lumen Juris, 2001).

[330] Neste sentido: BERMUDES, Sérgio. *Introdução ao processo civil*. 4ª ed. Rio de Janeiro: Forense, 2006, p. 187. Também CÂMARA, *loc. cit.*

julgamento,[331] ora de prevenção da infringência,[332] ora, ainda, de incidente de deslocamento para julgamento do recurso.[333]

A denominação, contudo, em nada altera a natureza das coisas. Como disse Julieta, do alto da sacada, a Romeu, em uma das passagens mais célebres da obra de Shakespeare, "o que há num simples nome? O que chamamos rosa, sob uma outra designação teria igual perfume. Assim Romeu, se não tivesse o nome de Romeu, conservaria a tão preciosa perfeição que dele é sem esse título".

Importa que o art. 947 trata de ferramenta que permite a remessa de um recurso que contenha questão de interesse público, com repercussão extrapartes, a um órgão de hierarquia interna superior,[334] de composição mais ampla, com o objetivo de atribuir maior autoridade ao julgamento ou com o fito de fixar a orientação do tribunal, prevenindo ou compondo divergências internas sobre a matéria.

Constitui-se, como se vê, não apenas uma ferramenta em favor da harmonização das correntes jurisprudenciais dentro dos tribunais, mas também instrumento apto a emprestar maior credibilidade e solidez ao julgamento, dada a sua relevância para a sociedade.

O CPC optou por dar apenas as diretrizes básicas para o procedimento a ser adotado no julgamento deste incidente, relegando aos regimentos internos a missão de estruturar o seu julgamento.

Com efeito, especifica o CPC a competência para a iniciativa do incidente, que é do Relator, e os pressupostos de seu cabimento. Afora isso, apenas dá pistas de qual deve ser o órgão competente para o juízo de admissibilidade definitivo do incidente, assim como para o julgamento do próprio recurso em caso de ser reconhecida a conveniência da assunção do julgamento: o "órgão colegiado que o regimento indicar".

O art. 947, § 1º, reserva a propositura do incidente ao relator, mas autoriza que seja suscitado pelas partes, pelo Ministério Público ou pela Defensoria Pública. Adicionalmente, embora a lei não preveja, decerto poderá o incidente ser requerido por qualquer integrante do colegiado.

---

331 Termo cunhado por Araken de Assis (ASSIS, Araken de. *Manual dos Recursos*. 2ª ed. São Paulo: Revista dos Tribunais, 2008, p. 343).

332 Como preferem PORTO, Sérgio Gilberto; USTÁRROZ, Daniel. *Manual dos Recursos Cíveis*. Porto Alegre: Livraria do Advogado, 2011, p. 305.

333 Denominação utilizada por DIDIER JR., Fredie; CUNHA, Leonardo José Carneiro da. *Curso de Direito Processual Civil*, vol. 3. 7ª ed. Salvador: Juspodivm, 2009, p. 568.

334 TEIXEIRA, Sálvio de Figueiredo. *Código de Processo Civil anotado*. 7ª ed. São Paulo: Saraiva, 2003, p. 425.

De qualquer sorte, deverá a proposta do relator "ser aprovada pelo colegiado (Câmara ou Turma), a quem caberá remeter a causa ao exame do colegiado maior. Afetada a causa ao colegiado maior, é dele a competência para decidir se deve ou não assumir essa mesma competência. Assumindo-a, deve julgar a causa".[335]

6.1.3. Pressupostos de admissibilidade

Extraem-se do art. 947, *caput*, e § 4º, os seguintes pressupostos cumulativos de admissibilidade do incidente de assunção de competência: i) existência de relevante questão de direito; ii) com grande repercussão social ou que seja, ainda que potencialmente, objeto de divergência interna e iii) que não seja repetida em múltiplos processos.

Não é tarefa fácil definir "relevante questão de direito". Decerto, sempre haverá um elevado grau de subjetivismo ao se determinar se um assunto é ou não proeminente em relação a todos os demais que aguardam exame. Sob o enfoque das partes, a causa sempre incorpora temas de absoluta relevância. Contudo, para fins do dispositivo, relevante é a questão não corriqueira e que tem magnitude maior do que o interesse das partes na causa.

Repercussão social, por sua vez, detém a causa cujo julgamento pode impactar a sociedade, tal qual aquelas que originem alterações de rumo em políticas públicas, que determinem aumento de preços, que causem reflexos no mercado de ações, que afetem consumidores, que atinjam corporações etc.[336]

O legislador também admite que, em vez de "repercussão social", a "questão relevante" seja objeto de divergência interna, ainda que potencialmente. Atribui assim ao instituto também o poder de prevenir e compor divergências.

Por fim, ao exigir que a "relevante questão de direito", com "grande repercussão social", não seja repetida em múltiplos processos, o legislador pretendeu diferenciar o instituto do incidente de resolução de demandas repetitivas que com ele coabita o Código e que objetiva uniformizar entendimentos, reduzir o número de recursos nos tribunais e abreviar julgamentos.

---

[335] NERY JUNIOR, Nelson; NERY, Rosa Maria de Andrade. *Comentários ao Código de Processo Civil*. São Paulo: Revista dos Tribunais, 2015, p. 1876.

[336] WAMBIER, Teresa Arruda Alvim *et al. Breves Comentários ao novo Código de Processo Civil*. São Paulo: Revista dos Tribunais, 2015, p. 2111.

6.1.4. *Procedimento*

6.1.4.1. *Primeira fase*

Na esteira do que preceitua o art. 947, § 1º, verificando o relator – ainda que alertado pelos demais julgadores, pelas partes ou pelo Ministério Público – que o caso a ser julgado contém relevante questão de direito, não repetida em múltiplos processos e que tenha grande repercussão social ou que seja objeto de divergência interna, proporá que o recurso seja diretamente julgado por um "colegiado maior",[337] indicado pelo regimento interno, que, em regra, é a seção especializada,[338] mas em alguns casos pode ser a turma,[339] o órgão especial[340] ou mesmo o tribunal pleno.[341]

Diante da proposição, o presidente da sessão deverá dar a palavra aos advogados presentes – desde que solicitado e que se trate de feito que comporte sustentação oral – e depois submeterá o requerimento a votação. Aqui, limitar-se-á o órgão à verificação dos pressupostos para a instauração do incidente, isto é, a existência de divergência atual ou potencial e o reconhecimento da relevância pública de se preveni-la ou compô-la, sendo inadequada manifestação sobre o acerto de uma ou outra posição contraposta.

Rejeitada a suscitação de instauração do incidente, prosseguirá o órgão no julgamento. Ao revés, decidindo o órgão pelo acolhimento do

---

[337] NERY JUNIOR, Nelson; NERY, Rosa Maria de Andrade. *Comentários ao Código de processo civil.* São Paulo: Revista dos Tribunais, 2015, p. 1876.

[338] Conforme Ernani Fidélis dos Santos, "o regimento interno do tribunal é que deve indicar o órgão competente para a uniformização de julgamentos. A Lei Orgânica da Magistratura, todavia, ao tratar da uniformização de jurisprudência, estabelece a competência das chamadas Seções Especializadas, ou Seções agrupadas em razão de especialização específica, de acordo com a área de especialização, para a uniformização de jurisprudência. Os tribunais, na área cível, poderão ter seções especializadas, uma ou várias, como de direito público, privado, de família, tributária, mas o comum é se formarem em área simplesmente cível e criminal, caso em que a seção cível comporta todas as câmaras, turmas ou grupos respectivos e, em consequência, no conjunto, terá competência para uniformização de jurisprudência, critério que, naturalmente, para a uniformização de julgamentos, deve ser seguido pelo regimento interno" (SANTOS, Ernani Fidélis dos. *Curso de Direito Processual Civil*, vol. 1. 13ª ed. São Paulo: Saraiva, 2009, p. 723).

[339] Como estabelece o RITJRS em seu art. 14, que tem a seguinte redação: Às Turmas de Julgamento compete: I – uniformizar a jurisprudência cível, observados os artigos 926 e 927 do Código de Processo Civil; II – julgar: (...); b) o incidente de assunção de competência previsto no artigo 947 do Código de Processo Civil suscitado nos recursos, nas remessas necessárias ou nos processos de competência originária no âmbito de sua competência; c) (...).

[340] Nos termos do que estabelece o RITRF-1, em seu art. 363, que assim dispõe: Cabe a assunção de competência pela Corte Especial ou por seção especializada nas matérias de sua respectiva competência, nos casos do art. 947 do Código de Processo Civil. (...) § 2º Submetido o incidente à Corte Especial ou à respectiva seção especializada, conforme o caso, a ela caberá a admissão e o julgamento, em mesma assentada, oportunidade em que poderá manifestar-se o Ministério Público Federal.

[341] Como estabelece o TJAC em seu art. 49, XIX.

pedido, determinar-se-á a suspensão do julgamento e a remessa dos autos a um órgão de composição mais ampla, indicado pelo regimento interno do tribunal.

Neste último caso, desnecessária a lavratura de acórdão expondo as razões que conduziram a maioria a reconhecer os pressupostos do incidente; isto porque "o julgamento se renovará perante o órgão *ad quem*, de modo algum vinculado à deliberação do órgão *a quo*, incluindo o reexame da admissibilidade da afetação, sem subtração de nenhuma formalidade (*v.g.*, o debate oral)".[342]

Agrega-se a esta, outra razão que torna o acórdão desnecessário: a decisão que acolhe a assunção da competência é irrecorrível, primeiro porque não há previsão legal e depois porque não há interesse recursal para qualquer das partes, que não podem ser consideradas sucumbentes.[343] Também por este enfoque, a lavratura de acórdão se mostra formalidade inútil, bastando que o resultado seja registrado na tira de julgamento. Por estas razões, o RISTJ expressamente dispensa o acórdão nesta circunstância (art. 100, parágrafo único, I).[344]

O registro na tira ou extrato de julgamento, posteriormente incorporado à ata da sessão, é documentação suficiente para o ato.

6.1.4.2. Segunda fase

Nada obstante o Código de Processo Civil não deixe claro, a segunda fase do procedimento tem início com a remessa dos autos ao órgão competente e a designação de um relator.

De regra, os regimentos internos determinam que haja a redistribuição do processo no âmbito do tribunal pleno ou de seu órgão especial (art. 93, XI, da CF), mas nada impede que esta segunda fase se processe na Seção ou mesmo no Grupo. No Superior Tribunal de Justiça, por exemplo, admite-se que tanto as Seções como a Corte Especial avoquem a competência para prevenir divergências intestinas (art. 271-B, RISTJ).

Quanto ao relator, pode, inclusive, ser o mesmo do acórdão do órgão suscitante. Isso, contudo, nem sempre é possível, porquanto pode ele não integrar o órgão competente para a assunção da competência

---

[342] ASSIS, Araken de. *Manual dos Recursos*. 2ª ed. São Paulo: Revista dos Tribunais, 2008, p. 346.

[343] *Ibidem*.

[344] Art. 100. As conclusões da Corte Especial, da Seção e da Turma, em suas decisões, constarão de acórdão no qual o relator se reportará às notas taquigráficas do julgamento, que dele farão parte integrante. Parágrafo único. Dispensam acórdão: I – a remessa do feito à Seção ou à Corte Especial, em razão da relevância da questão jurídica, ou da necessidade de prevenir divergência entre as Turmas; (...)

(*v.g.*, órgão especial, do qual participam apenas parcela dos desembargadores que compõem o tribunal). Tais matérias, dentre outras, todavia, são reservadas aos regimentos internos dos tribunais.

Embora o Código de Processo Civil haja omitido, é possível que sejam realizados atos de instrução, que auxiliarão no julgamento do processo. O RISTJ, por exemplo, autoriza o Relator ou o Presidente a ouvir pessoas e órgãos com interesse na controvérsia, bem como a realização de diligências necessárias para a elucidação da questão de direito controvertida (art. 271-D).

Outrossim, deverá ser ouvido o Ministério Público. A intervenção se justifica em todos os casos, tendo em vista a sua função institucional de proteção da ordem jurídica (art. 127 da CF).[345]

Em seguida, será o feito incluído em pauta que, naturalmente, deverá ser publicada no órgão oficial e afixada na entrada da sala de sessões, tudo em consonância com os arts. 934 e 935, *caput*, e § 2º.

Em razão de os efeitos do julgamento do incidente transcenderem o direito das partes no caso concreto em que instaurado, já que a tese jurídica vencedora influenciará os demais julgamentos do respectivo tribunal – nos termos do § 3º do art. 947 – há de ser admitida a participação do *amicus curiae* no procedimento.[346]

Embora nada refira o Código de Processo Civil, recomendado que todos os componentes do órgão recebam cópias do relatório e das notas taquigráficas (já que o acórdão é dispensável) do julgamento que reconheceu a divergência ou a possibilidade de sua ocorrência. Ademais, indicado que estas cópias sejam alcançadas aos julgadores com antecedência, de forma que possam conhecer e estudar a questão antes de se posicionar. De toda sorte, inobservada tal formalidade, sempre será possível a qualquer julgador, quando não se sentir habilitado a proferir o voto, requerer a vista dos autos, nos termos do art. 940, *caput*.

É dado ao órgão, antes de deliberar, reexaminar novamente o cabimento do incidente, ou seja, verificar a presença dos pressupostos de admissibilidade.

Decidindo o órgão por inadmitir a assunção da competência, determinará o retorno dos autos ao órgão de origem para que julgue livremente.

---

[345] VIGLIAR, José Marcelo Menezes. *Código de processo civil interpretado.* Antônio Carlos Marcato (Coord.). 3ª ed. São Paulo: Atlas, 2008, p. 1634-1635.

[346] Este é o entendimento defendido com propriedade por Cassio Scapinella Bueno (BUENO, Cassio Scarpinella. *Curso Sistematizado de Direito Processual Civil*, vol. 5. São Paulo: Saraiva, 2008, p. 369).

De outro lado, admitindo a sua competência, por verificar o interesse público na assunção de competência (art. 947, § 2º), passará o órgão a deliberar.

O julgamento se dará em sessão pública, devendo cada um dos julgadores proferir seu voto fundamentado, sendo admitido que apenas adira às razões de decidir lançadas por outro membro.[347]

Finalizada a votação, o Presidente computará os votos e declarará o resultado do julgamento.

6.1.5. Efeitos da decisão proferida

No Código de Processo Civil revogado, a decisão do incidente de assunção de competência surtia efeitos apenas entre as partes, isto é, resolvia tão somente o caso concreto, posto nos autos.

Não ficavam, portanto, sequer os órgãos fracionários do tribunal obrigados a adotar nos julgamentos posteriores à tese jurídica vencedora, o que refletia a fragilidade do instituto.[348]

O Código atual trouxe mudança que ampliou significativamente a importância do instituto. Com efeito, consoante o § 3º do art. 947, a decisão proferida no incidente de assunção de competência, "vinculará todos os juízes e órgãos fracionários, exceto se houver revisão de tese".

Caberá reclamação da parte interessada ou do Ministério Público, nos termos do art. 988, IV, para garantir a observância da tese firmada em incidente de assunção de competência.

A tese jurídica consagrada no incidente de assunção de competência, outrossim, servirá de amparo para que o relator, em decisão monocrática, negue ou dê provimento ao recurso (art. 932, IV, *c*, e V, *c*), bem como para que o juiz julgue liminarmente improcedente o pedido que se fundamente em matéria exclusivamente de direito (art. 332, III).[349] Por fim, a existência de decisão em incidente de assunção de competência afastará, em consonância com o art. 496, § 4º, III, a sujeição da sentença nela fundada à remessa necessária.

---

[347] SANCHES, Sydney. *Uniformização da jurisprudência*. São Paulo: Revista dos Tribunais, 1976, p. 41-42.

[348] ASSIS, Araken de. *Manual dos Recursos*. 2ª ed. São Paulo: Revista dos Tribunais, 2008, p. 347.

[349] Art. 332. Nas causas que dispensem a fase instrutória, o juiz, independentemente da citação do réu, julgará liminarmente improcedente o pedido que contrariar: (...) III – entendimento firmado em incidente de resolução de demandas repetitivas ou de assunção de competência.

O efeito vinculante atribuído ao incidente de assunção de competência reafirma o desígnio do legislador de fortalecimento dos precedentes em prol da segurança jurídica e da celeridade processual.

6.2. Incidente de arguição de inconstitucionalidade

O incidente de arguição de inconstitucionalidade é instrumento que objetiva a definição acerca da constitucionalidade ou não de determinada lei[350] ou ato normativo do poder público no âmbito do tribunal.[351] Para tanto, impõe o sobrestamento do julgamento[352] e o destaque da questão sobre a constitucionalidade da lei ou ato normativo, que será apreciada separadamente da causa em julgamento.[353]

Consagra o instituto – previsto nos arts. 948 e seguintes – uma das modalidades de controle de constitucionalidade adotadas pelo direito brasileiro vigente: o controle difuso, incidental, que, juntamente com o controle concentrado, direto, forma o arcabouço do eclético sistema pátrio de controle de constitucionalidade.

O controle concentrado ou direto, de regra, se dá por meio de "ação direta de inconstitucionalidade ou ação declaratória de constitucionalidade, regulamentadas pela Lei nº 9.868/99, propostas originariamente no STF (CF, art. 102, I, *a*) ou, no caso das ações diretas de inconstitucionalidade, também perante os Tribunais de Justiça dos Estados-membros (CF, art. 125, § 2º, Constituição do Estado de São Paulo, arts. 74, VI e 90)".[354]

Interessa-nos, neste ponto, o controle incidental.

[350] No dizer de Barbosa Moreira, "por lei entende-se aqui, antes de tudo, o ato formalmente legislativo, quer corresponda, quer não, ao conceito de lei do ponto de vista material. A arguição pode visar, indiferentemente, a lei complementar ou a lei ordinária. Abrange também o art. 480 a arguição da inconstitucionalidade de emenda à Constituição, de lei delegada, de medida provisória, de decreto legislativo, de resolução, de decreto regulamentar ou de ato normativo emanado de qualquer órgão do poder público, inclusive normas dos próprios regimentos internos dos tribunais" (MOREIRA, José Carlos Barbosa. *Comentários ao Código de Processo Civil*. 14ª ed. Rio de Janeiro: Forense, 2008, v. 5, p. 36).

[351] Não se trata, logo se vê, de recurso, já que não tem por fim obter a reforma, a cassação ou o esclarecimento de decisão. Afora isto, pode ser suscitada de ofício por qualquer membro do tribunal e não está sujeita a prazo peremptório, podendo ser arguida a qualquer tempo (Neste sentido: SOUZA, Bernardo Pimentel. *Introdução aos Recursos Cíveis e à Ação Rescisória*. 4ª ed. São Paulo: Saraiva, 2007, p. 149).

[352] NERY JUNIOR, Nelson; NERY, Rosa Maria de Andrade. *Comentários ao Código de Processo Civil*. São Paulo: Revista dos Tribunais, 2015, p. 1879.

[353] BUENO, Cassio Scarpinella. *Código de Processo Civil interpretado*. Antônio Carlos Marcato (Coord.). 3ª ed. São Paulo: Atlas, 2008, p. 1640.

[354] *Ibidem*.

No sistema brasileiro, a qualquer juiz de primeiro grau é dado examinar, incidentalmente, a constitucionalidade de lei ou ato normativo e, conforme o caso, declarar a sua inconstitucionalidade.

De outro lado, sendo a alegação de inconstitucionalidade ventilada no tribunal, por mais incongruente que pareça, a nenhum de seus órgãos, exceto o plenário ou o órgão especial, cabe proclamar a inconstitucionalidade incidentalmente, a menos que já haja pronunciamento sobre a questão,[355] consoante preceitua o parágrafo único do art. 949, parágrafo único.[356]

Isso porque, a Constituição Federal, em seu art. 97, assim exige ao consagrar a cláusula de reserva de plenário ou *full bench*, dispondo que "somente pelo voto da maioria absoluta de seus membros ou dos membros do respectivo órgão especial poderão os tribunais declarar a inconstitucionalidade de lei ou ato normativo do Poder Público".

Destarte, arguida a inconstitucionalidade de lei ou ato normativo do poder público perante órgão fracionário de tribunal, a respectiva declaração está condicionada à instauração do incidente previsto nos arts. 948 e seguintes.[357]

O desrespeito à regra da reserva de plenário poderá ser alegado em recurso extraordinário, sob o fundamento de violação do texto da Constituição. A prévia oposição de embargos com intuito de suprir a omissão e prequestionar a questão dá nova chance ao tribunal de adequar o julgamento à exigência constitucional.[358]

Transitado em julgado o acórdão, tendo em vista a manifesta violação de norma jurídica, admissível a ação rescisória com fundamento no inciso V do art. 966.[359]

6.2.1. Legitimação e momento para a suscitação do incidente de arguição de inconstitucionalidade de lei

O incidente de arguição de inconstitucionalidade pode ser suscitado por qualquer das partes, pelo Ministério Público, pelo relator ou qualquer dos julgadores.[360]

---

355 ASSIS, Araken de. *Manual dos Recursos*. 8ª ed. São Paulo: Revista dos Tribunais, 2016, p. 426.

356 Art. 949. (...) Parágrafo único. Os órgãos fracionários dos tribunais não submeterão ao plenário ou ao órgão especial a arguição de inconstitucionalidade quando já houver pronunciamento destes ou do plenário do Supremo Tribunal Federal sobre a questão.

357 SOUZA, Bernardo Pimentel. *Introdução aos Recursos Cíveis e à Ação Rescisória*. 4ª ed. São Paulo: Saraiva, 2007, p. 149.

358 DIDIER JR., Fredie; CUNHA, Leonardo José Carneiro da. *Curso de Direito Processual Civil*, vol. 3, 13ª ed. Juspodivm: Salvador, 2016, p. 672.

359 ASSIS, *loc. cit.*, p. 431.

360 DIDIER JR.; CUNHA, *loc. cit.*, p. 672.

As partes, em regra, alegam a inconstitucionalidade em primeiro grau, em suas peças, especialmente na inicial e na contestação, estabelecendo o debate sobre a constitucionalidade desde então. Nada impede, entretanto, que a questão seja trazida apenas em sede recursal. Imagine-se, por exemplo, que a sentença foi fundamentada em determinada lei que não havia ainda sido mencionada por qualquer das partes – o que é perfeitamente admissível, considerando que às partes cabe dar os fatos e ao juiz cumpre dar o direito. Decerto, entendendo o sucumbente que a lei invocada pela sentença afronta a Constituição, poderá em razões de apelação alegar a sua inconstitucionalidade.

Mas a chance de as partes suscitarem a inconstitucionalidade não se esgota com a apresentação do recurso ou das contrarrazões. Como o incidente pode ser instaurado mesmo de ofício, não há qualquer óbice a que a questão seja trazida por simples petição levada aos autos já em sede recursal ou mesmo na tribuna durante a sustentação oral.[361]

O Ministério Público, preferencialmente, suscita a inconstitucionalidade no seu parecer escrito ou ao se pronunciar na sessão de julgamento.

O relator, em regra, independente de ter percebido a questão por conta própria ao examinar os autos ou de ter sido provocado, expõe o problema ao lhe ser dada a palavra pelo Presidente da sessão para proferir o seu voto.

Os demais julgadores encontram o momento ideal para suscitar a inconstitucionalidade de lei ou de ato normativo do Poder Público ao votarem durante a sessão de julgamento.

Todavia, enquanto não proclamado o resultado do julgamento pelo Presidente, admissível a suscitação do incidente por qualquer dos legitimados.[362]

6.2.3. Procedimento da declaração incidental de inconstitucionalidade

A exemplo do que sucede com o incidente de assunção de competência, o procedimento do incidente de arguição de inconstitucionalidade também é dividido em duas fases: uma que se desenvolve perante o órgão fracionário que o suscita e outra que transcorre no tribunal pleno ou no seu órgão especial.

---

361 ASSIS, Araken de. *Manual dos Recursos.* 8ª ed. São Paulo: Revista dos Tribunais, 2016, p. 427.

362 Neste sentido: *Ibidem;* DIDIER JR., Fredie; CUNHA, Leonardo José Carneiro da. *Curso de Direito Processual Civil,* vol. 3. 13ª ed. Salvador: Juspodivm, 2016, p. 672.

6.2.3.1. *Primeira fase do procedimento*

Suscitada no tribunal, a qualquer momento antes do julgamento, pelas partes, pelo Ministério Público ou por qualquer dos julgadores, a inconstitucionalidade de determinada lei ou de ato normativo do poder público, o Presidente, após ouvir o Ministério Público e as partes, submeterá a questão a debate e posterior votação.

Em votação, abre-se dupla possibilidade ao processo, nos termos do art. 949: i) a arguição é rejeitada, e a câmara ou turma prossegue no julgamento ou ii) a arguição é acolhida, lavrando-se acórdão e remetendo-se o feito ao tribunal pleno ou ao seu órgão especial.

A rejeição da arguição pode-se dar em razão da sua inadmissibilidade ou pela sua improcedência. O primeiro caso ocorre quando se pretende instaurar o incidente em hipóteses incabíveis *v.g.*: i) na alegação de inconstitucionalidade de ato que não seja do poder público;[363] ii) texto que não seja lei; iii) se a lei questionada não tiver relevância para o deslinde da causa;[364] iii) quando a arguição da inconstitucionalidade já houver sido submetida ao órgão especial ou ao plenário (art. 949, parágrafo único), quando, então, é dispensada nova submissão;[365] ou, ainda, por se verificar que se trata de lei editada anteriormente à vigência da atual Constituição, hipótese em que a incompatibilidade resolver-se-á pelas regras de direito intertemporal.[366]

A improcedência, de outro lado, se dá quando o órgão afirma que o ato ou a lei questionada é constitucional,[367] não se vislumbrando qualquer indício de inconstitucionalidade,[368] mostrando-se, no entender do colegiado, despicienda a remessa da questão ao tribunal pleno.

O art. 97 da CF, ao dispor que "somente pelo voto da maioria absoluta de seus membros ou dos membros do respectivo órgão especial poderão os tribunais declarar a inconstitucionalidade de lei ou ato normativo do Poder Público", a *contrario sensu* exclui a necessidade de

---

363 MOREIRA, José Carlos Barbosa. *Comentários ao Código de Processo Civil*. 14ª ed. Rio de Janeiro: Forense, 2008, v. 5, p. 41.

364 BUENO, Cassio Scarpinella. *Código de Processo Civil interpretado*. Antônio Carlos Marcato (Coord.). 3ª ed. São Paulo: Atlas, 2008, p. 1641.

365 Conforme Araken de Assis, "o art. 949, parágrafo único, criou caso especial de inadmissibilidade. E, de fato, realizada anteriormente a apreciação da inconstitucionalidade, no órgão especial ou no plenário do STF, exonera-se o órgão fracionário da necessidade de submetê-la, outra vez, ao plenário" (ASSIS, Araken de. *Manual dos Recursos*. 8ª ed. São Paulo: Revista dos Tribunais, 2016, p. 429).

366 *Ibidem*.

367 MOREIRA, José Carlos Barbosa. *Comentários ao Código de Processo Civil*, vol. 5. 14ª ed. Rio de Janeiro: Forense, 2008, p. 41.

368 BUENO, *loc. cit.*, p. 1640.

julgamento pelo tribunal pleno ou seu órgão especial e de *quorum* qualificado para a declaração da constitucionalidade.[369]

No caso de rejeição, o julgamento prossegue normalmente,[370] diante da própria câmara ou turma, conforme dá conta o art. 949, I.

A rejeição da inconstitucionalidade independe de *quorum* especial, mostrando-se suficiente a maioria absoluta, e não se subsume na cláusula de reserva de plenário.[371]

O acolhimento da arguição, por outro lado, se dá quando o órgão colegiado (também independentemente de *quorum* especial) entrevê a inconstitucionalidade da lei ou do ato normativo *sub judice*,[372] nada obstante de forma não conclusiva, mas apenas indicativa, em juízo de verossimilhança.

Neste caso, lavrar-se-á acórdão no qual constará a decisão do colegiado de suspender o julgamento e submeter a alegação de inconstitucionalidade ao tribunal pleno ou órgão especial, remetendo-se, em seguida, os autos à redistribuição a um dos seus integrantes, quando não estipulado no regimento interno que o relator será o mesmo do órgão fracionário.[373]

À primeira vista, pode parecer que a própria turma ou câmara competente para o feito deliberará sobre a constitucionalidade ou não da lei ou ato normativo. Contudo, em verdade, estes órgãos deliberarão tão somente acerca da admissibilidade ou não da instauração do incidente de inconstitucionalidade.[374]

---

[369] MOREIRA, José Carlos Barbosa. *Comentários ao Código de Processo Civil*, vol. 5. 14ª ed. Rio de Janeiro: Forense, 2008, p. 40.

[370] A questão ficará, evidentemente, prequestionada para fins de recurso extraordinário (art. 102, III, da CF/1988) (ASSIS, Araken de. *Manual dos Recursos*. 8ª ed. São Paulo: Revista dos Tribunais, 2016, p. 429).

[371] *Ibidem*.

[372] Conforme Cassio Scarpinella Bueno, "o acolhimento do incidente [pela Câmara ou Turma] pressupõe juízo deliberativo tendente à declaração de inconstitucionalidade da lei ou ato do Poder Público" (BUENO, Cassio Scarpinella. *Código de Processo Civil interpretado*. Antônio Carlos Marcato (Coord.). 3ª ed. São Paulo: Atlas, 2008, p. 1641-1642).

[373] É curial, como ressalta Araken de Assis, "a necessidade de relator – mencionado no art. 950, § 3° –, e, por outro lado, o relator no órgão de origem talvez não integre o órgão especial" (ASSIS, *loc cit.*, p. 432).

[374] Conforme Araken de Assis, na verdade, o texto diz menos do que o devido, pois nem o grupo de câmaras nem a seção cível podem pronunciar a inconstitucionalidade, e diz imperfeitamente, porque nem sempre o relator provoca a apreciação da matéria. É claro que, arguida a inconstitucionalidade em voto posterior, a palavra retorna ao relator. Jamais se enxergará, nessa situação, o relator "submetendo" a questão ao colégio. Surgindo, nesses termos, a questão da constitucionalidade no julgamento, cumpre ao Presidente promover o respectivo debate, concedendo a palavra, pela ordem, aos advogados presentes, se o feito comportar debate oral, e colher os votos dos juízes. Concebem-se dois resultados: a rejeição (art. 949, I) e o acolhimento (art. 949, II) (*Idem*, p. 429).

Ao revés, entendendo o órgão ser pertinente a alegação de inconstitucionalidade – mesmo que por maioria simples, pois não há exigência de *quorum* qualificado[375] –, lavrar-se-á acórdão dando conta do acolhimento e remeter-se-ão os autos ao tribunal pleno ou a seu órgão especial (que, quando existente, exercerá as funções administrativas e jurisdicionais delegadas do tribunal pleno, consoante dispõe a Constituição Federal, em seu art. 93, XI).

6.2.3.2. Segunda fase do procedimento

No tribunal pleno – ou no seu órgão especial – novo julgamento será levado a efeito. O processo será distribuído a um relator – que pode ou não ser o mesmo do acórdão que suscitou o incidente,[376] conforme disciplinar o Regimento Interno –, que fará a exposição do caso e encaminhará os autos ao Presidente, que designará dia para o julgamento.

Antes do julgamento, contudo, exige o art. 950 que todos os juízes do tribunal – ou todos aqueles que componham o órgão especial – recebem cópia do acórdão que admitiu o incidente. O envio da cópia do acórdão, certamente, pode-se dar por meio eletrônico.

Imperioso que este acórdão chegue aos julgadores com razoável precedência em relação à sessão, de sorte que tenham condições de estudar a alegação de inconstitucionalidade antes de se pronunciar. A inobservância de tal formalidade, todavia, não nulifica o julgamento, considerando que o julgador, sempre que não se sentir pronto para proferir o voto, pode requer a vista dos autos, nos termos do art. 940.

Previamente ao julgamento, ainda, observando os prazos fixados no regimento interno, poderão se manifestar as pessoas de direito público responsáveis pela edição do ato questionado[377] (*v.g.*, Assembleia Legislativa, Câmara dos Deputados), consoante autoriza o § 1º do art. 950.

Possível, ademais, consoante o § 2º do art. 950, que haja manifestação por escrito dos órgãos e entidades legitimados para a instauração do controle abstrato e direto de lei ou ato normativo do Poder Público

[375] ASSIS, Araken de. *Manual dos Recursos*. 8ª ed. São Paulo: Revista dos Tribunais, 2016, p. 430.

[376] Malgrado a sempre pertinente recomendação de Barbosa Moreira de que a relatoria preferencialmente caiba ao mesmo juiz que redigiu o acórdão no órgão fracionário (MOREIRA, José Carlos Barbosa. *Comentários ao Código de Processo Civil*, vol. V. 14ª ed. Rio de Janeiro: Forense, 2008, p. 46), muitas vezes isso não será possível, seja porque aquele julgador não compõe o órgão especial do tribunal, seja porque está licenciado ou aposentado.

[377] BUENO, Cassio Scarpinella. *Curso Sistematizado de Direito Processual Civil*, vol. 5. São Paulo: Saraiva, 2008, p. 390.

perante a Suprema Corte (art. 103 da CF).[378] E, em respeito ao paralelismo, admite-se, também, em se tratando de lei ou ato estadual ou local, a manifestação dos órgãos e entidades legitimados para as ações diretas de inconstitucionalidade de lei ou ato normativo frente às Constituições dos Estados[379] (art. 125, § 2º, da CF).[380]

Por fim, nos termos do § 3º do art. 950, admissível, considerada a relevância da matéria e a representatividade dos postulantes, que o relator defira, por decisão irrecorrível,[381] a manifestação de órgãos e entidades que, embora não detenham legitimidade para o controle abstrato de constitucionalidade, possam contribuir com informações pertinentes para a decisão acerca da constitucionalidade ou não da lei ou ato normativa questionado. "Esse 'interveniente', mais um exemplo seguro de que o sistema processual civil adotou, dentre as diversas formas de intervenção de terceiros, a figura do *amicus curiae* (...), tem a função de expor sua opinião acerca da constitucionalidade ou inconstitucionalidade da lei ou ato normativo".[382]

Com efeito, a intervenção processual do *amicus curiae*[383] consoante já manifestou o STF, embora em sede de Ação Declaratória de Inconstitucionalidade, tem por escopo pluralizar o debate constitucional,[384] permitindo que outros pontos de vista sejam considerados quando

---

[378] Art. 103 da CF: Podem propor a ação direta de inconstitucionalidade e a ação declaratória de constitucionalidade: I – o Presidente da República; II – a Mesa do Senado Federal; III – a Mesa da Câmara dos Deputados; IV – a Mesa de Assembleia Legislativa ou da Câmara Legislativa do Distrito Federal; V – o Governador de Estado ou do Distrito Federal; VI – o Procurador-Geral da República; VII – o Conselho Federal da Ordem dos Advogados do Brasil; VIII – partido político com representação no Congresso Nacional; IX – confederação sindical ou entidade de classe de âmbito nacional.

[379] BUENO, Cassio Scarpinella. *Código de processo civil interpretado*. Antônio Carlos Marcato (Coord.). 3ª ed. São Paulo: Atlas, 2008, p. 1644.

[380] Art. 125. (...) § 2º Cabe aos Estados a instituição de representação de inconstitucionalidade de leis ou atos normativos estaduais ou municipais em face da Constituição Estadual, vedada a atribuição da legitimação para agir a um único órgão.

[381] Segundo Araken de Assis, o ato do relator que rejeitar ou admitir a intervenção de terceiros, apesar da necessidade de motivação (art. 489, § 1º), na hipótese versada no art. 950, § 3º, irrecorrível. Não cabe por óbvio, mandado de segurança pelas razões adiante explicitadas (ASSIS, Araken de. *Manual dos Recursos*, 8ª ed., São Paulo: Revista dos Tribunais, 2016, p. 434). Em sentido contrário, admitindo o mandado de segurança, Sérgio Gilberto Porto (PORTO, Sérgio Gilberto. *Comentários ao código de processo civil*, v. 6. São Paulo: Editora Revista dos Tribunais, 2000, p. 279)

[382] BUENO, Cassio Scarpinella. *Curso Sistematizado de Direito Processual Civil*, vol. 5. São Paulo: Saraiva, 2008, p. 391.

[383] Consoante Fredie Didier, o *amicus curiae* não se trata de perito, nem de custos legis e nem de terceiro. Como integrante do quadro dos sujeitos processuais, sua função precípua é a de contribuir com o juiz fornecendo-lhe subsídios, esclarecimentos técnico-jurídicos, o que, a todos os títulos, parece favorecer o debate e o processo democrático. Daí a pertinência de sua denominação já consagrada: a de amigo da Corte ou, na tradução livre dos americanos, 'friend of court'. (DIDIER JR., Fredie. *Recurso de terceiro – Juízo de admissibilidade*. São Paulo: Revista dos Tribunais, 2002, p. 157).

[384] STF-Pleno, ADI 2130 MC/SC, Rel. Min. Celso de Mello, DJU 2.2.2001.

examinada a constitucionalidade de lei ou ato normativo do Poder Público.[385]

Permitido o contraditório e as intervenções referidas, observadas as formalidades legais – notadamente a designação de dia para julgamento pelo Presidente, a inclusão do feito em pauta, a respectiva publicação no órgão oficial, a sua afixação na entrada da sala da sessão, tudo conforme os arts. 934 e 935, *caput*, e §§ 1º e 2º –, deverá o plenário ou seu órgão especial decidir acerca da constitucionalidade ou não da lei ou ato do Poder Público.

O tribunal pleno ou seu órgão especial, afora a possibilidade de reexaminar a admissibilidade do incidente – já que não fica vinculado à decisão do órgão fracionário –, limitar-se-á, no mais, a examinar a prejudicial de inconstitucionalidade que lhe foi submetida, não lhe cabendo manifestar-se acerca de lei que, nada obstante ventilada nos autos, não tem a sua constitucionalidade questionada ou que, embora questionada, teve rejeitada a arguição.[386] Com efeito, ao revés do que sucede com o conhecimento da inconstitucionalidade em causas de competência originária do tribunal pleno, que pode ser *ex officio*, no incidente sob exame, o prévio acolhimento da arguição pelo órgão fracionário é condição indispensável para que possa o tribunal pleno pronunciar-se, embora esteja livre para adotar fundamento diverso do utilizado pela câmara ou turma.[387]

Contudo, não fica o tribunal pleno adstrito à apreciação da constitucionalidade da lei frente aos artigos já indicados pelo órgão fracionário. Alcançando a questão o plenário, a inconstitucionalidade pode ser declarada por violação a preceito sequer cogitado até então. "Não há que cogitar de vinculação do tribunal a uma suposta *causa petendi*, até porque a arguição não constitui 'pedido' em sentido técnico, e as

---

[385] PORTO, Sérgio Gilberto; USTÁRROZ, Daniel. *Manual dos Recursos Cíveis*. Porto Alegre: Livraria do Advogado, 2007, p. 207.

[386] Como bem explica Araken de Assis, "submeter-se-á ao órgão especial a questão constitucional consoante a deliberação tomada, e nesses limites ocorrerá o julgamento. Por exemplo: a parte impetrou mandado de segurança e alegou a inconstitucionalidade total da lei do Município X que regulou a realização de feiras, mas excedeu-se em restrições (*v.g.*, impondo a participação dos empresários locais), infringindo o princípio da livre iniciativa e o da razoabilidade. Todavia, o órgão fracionário do tribunal, apreciando a apelação, pode entender inconstitucionais tão só os arts. x e y. Em consequência, acolhe a alegação, mas parcialmente, remetendo ao órgão especial o exame de tais dispositivos. O julgamento ficará suspenso integralmente. Não é possível nele prosseguir antes de resolver a questão constitucional, via plenário, embora parcial a respectiva influência no objeto do processo. E isso porque a autoridade coatora talvez haja indeferido o pedido do impetrante com base nos arts. x, y e z da lei, e, embora procedente a impetração no tocante ao último dispositivo, porque inaplicável ao caso concreto, o thema decidendum ainda depende da resolução da questão constitucional" (ASSIS, Araken de. *Manual dos Recursos*. 8ª ed. São Paulo: Revista dos Tribunais, 2016, p. 431). No mesmo sentido: MOREIRA, José Carlos Barbosa. *Comentários ao Código de Processo Civil*. 14ª ed. Rio de Janeiro: Forense, 2008, v. 5, p. 41.

[387] ASSIS, *loc cit.*, p. 432.

questões de direito são livremente suscitáveis, *ex officio*, pelos órgão judiciais, na área em que lhes toque exercer atividade cognitiva".[388]

Realizada a votação, será pronunciada a inconstitucionalidade havendo maioria absoluta de votos neste sentido, em obediência ao art. 97 da CF. Vale depurar: a exigência é de maioria absoluta dos membros do tribunal, e não apenas dos presentes na sessão de julgamento.[389] E tal *quorum* é logrado tão logo se obtenha um número de votos superior à metade dos juízes do tribunal ou de seu órgão especial.[390]

De outro lado, não se obtendo o *quorum* necessário, não se declarará a inconstitucionalidade, ainda que haja superioridade de votos (maioria simples) a seu favor. Neste caso, tal qual na hipótese de haver superioridade de votos defendendo a constitucionalidade, o tribunal declarou, em verdade, a constitucionalidade da lei ou do ato do poder público que lhe foi submetido.[391]

Cumpre ao Presidente do tribunal colher os votos e declarar o resultado, designando, em seguida, o redator do acórdão, que será o próprio relator, caso saia vencedor, ou, caso vencido, o autor do primeiro voto vitorioso.

Lavrado o acórdão, será publicado no órgão oficial.

Transitado em julgado o acórdão, do qual não cabe recurso algum – a exceção dos embargos de declaração –,[392] pois insuscetível de causar gravame às partes,[393] retornarão os autos ao órgão fracionário para que prossiga no julgamento.

---

388 MOREIRA, José Carlos Barbosa. *Comentários ao Código de Processo Civil*, vol. 5. 14ª ed. Rio de Janeiro: Forense, 2008, p. 46-47.

389 O tribunal pleno ou seu órgão especial, em regra, funcionam desde que haja um número superior à metade da sua integralidade. Assim: MOREIRA, José Carlos Barbosa. *Comentários ao Código de Processo Civil*, vol. V. 14ª ed. Rio de Janeiro: Forense, 2008, p. 47-48 e ASSIS, Araken de. *Manual dos Recursos*. 8ª ed. São Paulo: Revista dos Tribunais, 2016, p. 435.

390 Como explica Araken de Assis, "a fórmula 'a metade mais um' é inexata, integrado o órgão de número ímpar de juízes. Por esse critério, a maioria absoluta de vinte e cinco desembargadores, por exemplo, é quatorze; a manifestação convergente desse número de votantes, declarando a inconstitucionalidade, e a despeito de serem os únicos presentes, já produzirá o efeito almejado. Sucede que o STF despreza a fração e, compondo-se de onze membros, exige seis votos (art. 173 do RISTF). Logo, o arredondamento da metade fracionada (de vinte e cinco é doze e meio) é para o número imediatamente superior: treze. O critério da 'metade mais um' exigiria, diversamente, um voto a mais: quatorze. Como quer que seja, não importa o número efetivo de participantes (*v.g.*, vinte): votando treze deles no sentido da inconstitucionalidade atingiu-se o quórum da deliberação, na interpretação correta." (ASSIS, *loc. cit.*, p. 435).

391 *Ibidem*.

392 Decerto pode o acórdão padecer dos vícios da omissão, contradição e obscuridade, sendo pertinentes os embargos de declaração. No sentido do cabimento dos embargos de declaração: *Idem*, p. 436.

393 Assim: BUENO, Cassio Scarpinella. *Código de processo civil interpretado*. Antônio Carlos Marcato (Coord.). 3ª ed. São Paulo: Atlas, 2008, p. 1645. Ademais, há a Súmula 513 do STF que preceitua: "A decisão que enseja a interposição de recurso ordinário ou extraordinário não é a do plenário,

6.2.3.3. *Retorno dos autos ao órgão de origem, retomada e finalização do julgamento*

Chegando os autos ao órgão fracionário no qual se originou o incidente, o julgamento deverá prosseguir normalmente: sustentação oral, quando requerida e admissível, manifestação do Ministério Público, sendo hipótese, e declaração do resultado.

A questão acerca da constitucionalidade ou não da lei, todavia, já estará definida e deverá ser acatada. O órgão originário, desta forma, independente das convicções pessoais de seus integrantes, julgará o caso dentro da moldura constitucional entregue pelo tribunal pleno ou seu órgão especial, sendo absolutamente despiciendas eventuais manifestações anteriores do órgão fracionário acerca da questão da inconstitucionalidade da lei ou do ato do poder público.[394]

Desta forma, haverá casos que retornarão ao órgão de origem praticamente julgados, tamanha a importância e abrangência da questão constitucional para a solução da lide.

O STJ, aliás, em determinada ocasião,[395] afirmou ser desnecessário o retorno dos autos ao órgão de origem quando o único fundamento da demanda for a constitucionalidade ou inconstitucionalidade da lei ou do ato normativo. Neste caso, o próprio tribunal pleno ou o respectivo órgão especial conclui o julgamento.[396]

6.2.4. *Efeito vinculante da decisão*

A decisão tomada no incidente de inconstitucionalidade, seja num ou noutro sentido, vincula o julgamento do qual se originou, mesmo porque é parte do julgamento da causa. Não pode, desta forma, o órgão colegiado que suscitou o incidente de inconstitucionalidade deixar de adotar o entendimento que se sagrou vitorioso no âmbito do tribunal pleno ou do órgão especial. Isso, aliás, é o que justifica o fato de se tratar de um incidente que enseja a suspensão do processo.[397]

---

que resolve o incidente de inconstitucionalidade, mas a do órgão (câmaras, grupos ou turmas) que completa o julgamento do feito"

394 MOREIRA, José Carlos Barbosa. *Comentários ao Código de Processo Civil*, vol. V. 14ª ed. Rio de Janeiro: Forense, 2008, p. 47-48; ASSIS, Araken de. *Manual dos Recursos*. 8ª ed. São Paulo: Revista dos Tribunais, 2016, p. 437.

395 STJ-Corte Especial, EDcl no AI no RMS 1.178/RS, rel. Min. Antônio de Pádua Ribeiro, j. 31.8.1995.

396 Decisão com a qual concorda Cássio Scarpinella Bueno (BUENO, Cássio Scarpinella. *Curso Sistematizado de Direito Processual Civil*, vol. 5. São Paulo: Saraiva, 2008, p. 393).

397 *Idem*, p. 392.

Como ressaltam os mais observadores, extrai-se, ainda, outro efeito do art. 949, parágrafo único: "a subordinação de todos os órgãos fracionários do tribunal, ou *intra muros*, nos julgamentos futuros. No mínimo, representaria grave desperdício suscitar novos incidentes, indefinidamente, em todo processo envolvendo a mesma questão constitucional. Desnecessário, de resto, qualquer quórum especial (*v.g.*, a unanimidade) para produzir-se a vinculação horizontal".[398]

6.3. Incidente de Resolução de Demandas Repetitivas (IRDR)

6.3.1. Características

O Incidente de Resolução de Demandas Repetitivas (IRDR) é mais um dos inúmeros remédios de que tem se valido o sistema processual para combater a pletora de processos no Judiciário.

Nada obstaste os esforços despendidos em favor da utilização das ações coletivas, as ações individuais, por razões diversas, ainda são absolutamente predominantes.[399]

Ocorre que, dentro do volume abismal de ações individuais, percentual considerável delas reproduzem idênticas questões de direito, diferenciando-se apenas pelos sujeitos envolvidos.[400] São demandas, por exemplo, que discutem a incidência ou não de um tributo sobre todo um tipo de atividade empresarial ou um benefício previdenciário que seria devido, invariavelmente, a todos ou a grande grupo de aposentados. É sobre estas que o IRDR tem aplicação, com o objetivo de que recebam todas a mesma solução.

Com efeito, em pequena escala, admite-se, ainda que não se deseje, que ações que versem idêntica questão de direito recebam tratamento diverso. Contudo, em uma dimensão maior, não se pode conceber, sob pena de descrédito da Justiça, que o destino das demandas que levem o mesmo "problema" ao Judiciário, tenham soluções desiguais e que isso se prolongue no tempo.

O IRDR surge como o mecanismo adequado para superar a dificuldade acima referida e assegurar a isonomia e a segurança jurídica nas decisões judiciais acerca de temas que se repetem.

---

398 ASSIS, Araken de. *Manual dos Recursos*. 8ª ed. São Paulo: Revista dos Tribunais, 2016, p. 436. Na mesma linha: AMARAL JR., José Levi Mello do. *Incidente de arguição de inconstitucionalidade.* São Paulo: RT, 2002, p. 82

399 ASSIS, *loc. cit.*, p. 458.

400 *Idem*, p. 460. Também: TALAMINI. Eduardo. *Incidente de Resolução de Demandas Repetitivas* (IRDR): Pressupostos. Disponível em: <https://www.migalhas.com.br/depeso/236580/incidente-de-resolucao-de-demandas-repetitivas-irdr-pressupostos>. Acesso em 28 de março de 2016.

O art. 976, portanto, diz ser cabível o IRDR quando houver, simultaneamente: i) efetiva repetição de processos que contenham controvérsia sobre a mesma questão unicamente de direito e ii) risco de ofensa a à isonomia e à segurança jurídica.

Não é a única ferramenta, como já se viu, que o Código disponibiliza em favor da harmonização das correntes jurisprudenciais dentro dos tribunais. O incidente de assunção de competência (art. 947) também se presta a tal desiderato. Contudo, os mecanismos, claramente, não ocupam o mesmo espaço, pois tem objetivos distintos. Enquanto o incidente de assunção de competência pretende prevenir divergências ou compor divergências no seu nascedouro, acerca de questões relevantes, com grande repercussão social, não admitindo que a matéria esteja disseminada em múltiplos processos, o IRDR ataca, justamente, a divergência, relevante ou não, que já se instalou amplamente no Judiciário e se alastrou por inúmeros processos, com o objetivo de eliminá-la, fixando uma orientação a ser seguida por todos os órgãos da mesma jurisdição.

As diferenças marcantes inibem incertezas acerca do cabimento de um ou de outro incidente. O estudo dos pressupostos evidenciará tal perspectiva.

6.3.2. Pressupostos

Três pressupostos cumulativos avultam do art. 976 a justificar a instauração do IRDR: i) efetiva repetição de processos; ii) idêntica questão de direito controvertida nos processos e iii) risco à isonomia e à segurança jurídica.[401]

O exame dos pressupostos de admissibilidade permite constatar que o IRDR não tem caráter preventivo,[402] pois atua quando a divergência já se alastrou em múltiplos processos.[403] Daí por que a parte inicial do indiso I do art. 976 falar em "efetiva", e não "potencial", repetição de processos".

[401] TALAMINI. Eduardo. *Incidente de Resolução de Demandas Repetitivas* (IRDR): Pressupostos. Disponível em: <https://www.migalhas.com.br/depeso/236580/incidente-de-resolucao-de-demandas-repetitivas-irdr-pressupostos>. Acesso em 28 de março de 2016.

[402] DIDIER JR., Fredie; CUNHA, Leonardo José Carneiro da. *Curso de Direito Processual Civil*, v. 3, 13ª ed. Salvador: Juspodivm, 2016, p. 627.

[403] O enunciado nº 87 do Fórum Permanente de Processualistas afirma que "a instauração do incidente de resolução de demandas repetitivas não pressupõe a existência de grande quantidade de processos versando sobre a mesma questão, mas preponderantemente o risco de quebra da isonomia e de ofensa à segurança jurídica".

Para além de se repetir em diversos processos, a matéria controvertida há de ser exclusivamente de direito. Isto é, a questão reiterada nos processos não é fática, mas jurídica.

Decerto, não é fácil a distinção entre questões de fato e questões de direito, porquanto toda a questão de direito pressupõe o acontecimento de um fato.[404] Ao valer-se da expressão "questão unicamente de direito", quer a lei "referir-se aos casos em que, na hipótese de serem os aspectos fáticos incontroversos (o que vai ter de se aferir em cada processo), tem-se basicamente uma mesma questão jurídica a se resolver – e essa situação repete-se em inúmeros processos".

Portanto, exemplificativamente, não é admissível o IRDR para definir se determinado produto vendido a consumidores contém vícios, mas sim para estipular que se constatado o defeito no caso concreto (fato que depende de prova), o produto há ser trocado ou o valor devolvido.[405]

Todavia, não é suficiente para a admissão do IRDR que haja efetiva reiteração de processos com a mesma questão jurídica. O inciso II do art. 976 exige que, "simultaneamente", haja "risco de ofensa à isonomia e à segurança jurídica", o que se "terá quando a mesma questão jurídica, nos inúmeros processos, estiver recebendo soluções distintas. Se, apesar da reiteração da questão em muitos processos, não se estiver havendo divergência jurisprudencial, com a questão sendo resolvida de modo uniforme na generalidade dos casos, não se justifica o IRDR".[406]

Tendo havido afetação por um tribunal superior de recurso representativo que trate acerca da mesma controvérsia de direito, não será admitida a instauração do IRDR (art. 976, § 4º), devendo aguardar-se a decisão do tribunal superior (art. 927, III). Também não há de se admitir a instauração do IRDR pelo tribunal local, quando já houver incidente instaurado acerca da mesma questão jurídica em tribunal superior, porquanto há clara preferência do sistema pela uniformização nacional do entendimento. Decerto, por fim, é também inadmissível o IRDR quando tribunal superior já houver fixado a tese em julgamento de recurso paradigma, em procedimento repetitivo.[407]

Conforme dispõe o art. 976, § 3º, "a inadmissão do incidente de resolução de demandas repetitivas por ausência de qualquer de seus

---

[404] ASSIS, Araken de. *Manual dos Recursos*. 8ª ed. São Paulo: Revista dos Tribunais, 2016, p. 462.

[405] DIDIER JR., Fredie; CUNHA, Leonardo José Carneiro da. *Curso de Direito Processual Civil*, vol. 3, 13ª ed. Salvador: Juspodivm, 2016, p. 626.

[406] TALAMINI. Eduardo. *Incidente de Resolução de Demandas Repetitivas* (IRDR): Pressupostos. Disponível em: <https://www.migalhas.com.br/depeso/236580/incidente-de-resolucao-de-demandas-repetitivas-irdr-pressupostos>. Acesso em 28 de março de 2016.

[407] DIDIER JR.; CUNHA, *loc. cit.*, p. 628.

pressupostos de admissibilidade não impede que, uma vez satisfeito o requisito, seja o incidente novamente suscitado".

6.3.3. *Objeto*

Questões de direito controvertidas em grande escala, cuja pacificação representará economia processual, segurança jurídica e isonomia, são o objeto do IRDR.

A questão "unicamente de direito repetitiva" que admite a instauração do IRDR pode ser tanto de direito material quanto de direito processual. Com efeito, dispõe o parágrafo único do art. 928 que "o julgamento de casos repetitivos, tem por objeto questão de direito material ou processual".

Não são incomuns as instaurações de IRDR para tratar de controvérsias acerca da aplicação das normas de direito processual. Por exemplo, no TJRS foi julgado IRDR 4 cuja a questão era a "discussão de competência entre os Foros Central e Regionais da Comarca da Capital, inclusive quanto à possibilidade de declinação de ofício". O TJSC julgou IRDR 8 que tratou acerca do interesse de agir na ação demolitória, quando inexistente laudo prévio de vistoria, exigido na lei local. O TJAM julgou IRDR 4 que teve como questão a possibilidade de cumprimento de sentença de alimentos com cumulação de ritos de prisão e expropriação nos mesmos autos em que a sentença foi proferida.[408]

6.3.4. *Iniciativa*

Nos termos do art. 977 e seus incisos, o pedido de instauração do IRDR poderá ser formulado i) pelo juiz ou relator; ii) pelas partes; iii) pelo Ministério Público e pela Defensoria Público.

O juiz e o relator de processo que tramite em um dos tribunais de justiça ou tribunais regionais federais,[409] entendendo que estão diante

[408] Fonte: Painel de Consulta ao Banco Nacional de Demandas Repetitivas e Precedentes Obrigatórios – Disponível em: <https://www.cnj.jus.br/pesquisas-judiciarias/demandas-repetitivas/>.

[409] O STF já manifestou ser incabível o IRDR na Corte Suprema: "Depreende-se que o Incidente de Resolução de Demandas Repetitivas é um incidente a ser suscitado perante os tribunais de segundo grau. Essa orientação igualmente é revelada ao longo da própria memória do processo legislativo do Código de Processo Civil de 2015. Em momento algum as Comissões do Senado Federal e da Câmara dos Deputados fizeram constar em seus relatórios a possibilidade de se atribuir ao Supremo Tribunal Federal a competência para processar e julgar esse relevante instrumento de formação de padrão decisório. Esse Supremo Tribunal Federal já assentou que A competência originária do STF, por qualificar-se como um complexo de atribuições jurisdicionais de extração essencialmente constitucional – e ante o regime de direito estrito a que se acha submetida –, não comporta a possibilidade de ser estendida a situações que extravasem os limites fixados, em

de uma causa ou recurso que reúna os pressupostos do art. 976, podem – independentemente de pedido das partes – pedir instauração do incidente mediante ofício devidamente motivado e acompanhado dos documentos necessários, direcionado ao Presidente do tribunal.

Análogo poder o art. 977 não atribui, explicitamente, ao órgão colegiado de qual o relator é membro. Esse silêncio, contudo, é irrelevante. "O relator atua por delegação do colegiado. Se a lei confere explicitamente esse poder ao relator, ele igualmente compete ao colegiado, de que o relator é mero órgão. Assim, se o colegiado deliberar pelo pleito de instauração do incidente, ainda que o relator fique vencido, expedir-se-á ofício para tal fim".[410]

As partes, maiores interessadas na previsibilidade do julgamento,[411] também podem suscitar a instauração do incidente, por petição dirigida ao juiz ou ao relator, quando verificarem na causa em que litigam a presença dos requisitos legais. Entende-se como parte, além de autor e réu, "os terceiros cuja admissão haja sido deferida, a exemplo do assistente simples ou parte auxiliar".[412]

O Ministério Público, quando parte, postula o incidente com amparo no art. 977, II. Contudo, mesmo quando não esteja num dos polos da ação, dadas as suas atribuições constitucionais, detém poder para pedir a instauração do incidente. A legitimidade, neste caso, há de ser aferida concretamente, somente sendo reconhecida se transparecer relevante interesse social.[413]

O Ministério Público, ainda que não seja parte nem requerente do IRDR, deverá participar como fiscal da lei (art. 976, § 2º), devendo o relator intimá-lo para, querendo, manifestar-se em quinze dias

---

numerus clausus, pelo rol exaustivo inscrito no art.102, I, da Constituição da República. Precedentes. O regime de direito estrito, a que se submete a definição dessa competência institucional, tem levado o STF, por efeito da taxatividade do rol constante da Carta Política, a afastar, do âmbito de suas atribuições jurisdicionais originárias, o processo e o julgamento de causas de natureza civil que não se acham inscritas no texto constitucional (ações populares, ações civis públicas, ações cautelares, ações ordinárias, ações declaratórias e medidas cautelares), mesmo que instauradas contra o presidente da República ou contra qualquer das autoridades, que, em matéria penal (CF, art.102, I, b e c), dispõem de prerrogativa de foro perante a Corte Suprema ou que, em sede de mandado de segurança, estão sujeitas à jurisdição imediata do Tribunal (CF, art. 102, I, *d*). (Pet 1.738 AgR, rel. min. Celso de Mello, j. 1º-9-1999, DJ de 1º-10-1999) Assim, consideradas as hipóteses estritas versadas no art. 102 da Lei Maior, essa Suprema Corte não detém competência originária para processar e julgar Incidente de Resolução de Demandas Repetitivas. Ante o quadro, não conheço do incidente suscitado". (Pet 8245, Relator(a): Min. Dias Toffoli, j. 10/10/2019).

410 TALAMINI. Eduardo. *Incidente de Resolução de Demandas Repetitivas* (IRDR): Pressupostos. Disponível em: <https://www.migalhas.com.br/depeso/236580/incidente-de-resolucao-de-demandas-repetitivas-irdr-pressupostos>. Acesso em 28 de março de 2016.

411 ASSIS, Araken de. *Manual dos Recursos*. 8ª ed. São Paulo: Revista dos Tribunais, 2016, p. 462.

412 *Idem*.

413 DIDIER JR., Fredie; CUNHA, Leonardo José Carneiro da. *Curso de Direito Processual Civil*, vol. 3. 13ª ed. Salvador: Juspodivm, 2016, p. 633.

(art. 982, III). Outrossim, havendo abandono do processo, desistência da ação ou do recurso pela parte ou demais legitimados à instauração do IRDR, o Ministério Público assumirá a titularidade do incidente.

Deve restar claro, contudo, que a continuidade do incidente nessas hipóteses terá exclusivo intuito de fixar a tese jurídica para aplicação em casos futuros, pois não mais atingirá as partes da ação, porquanto a desistência da ação é direito potestativo lícito da parte que, uma vez manifestado, configura negócio jurídico unilateral, que não necessita da concordância da parte adversa.[414]

A Defensoria Pública, da mesma forma que o Ministério Público, pode postular o incidente quando integrar um dos polos da ação, com amparo no art. 977, II, e, mesmo quando não seja parte, em razão da sua condição institucional (art. 977, III). Nesta hipótese, contudo, deve haver devida demonstração de que o caso envolve interesses de necessitados ou aborda questão a eles relacionada,[415] de sorte a guardar obediência às atribuições definidas pela Constituição Federal.[416]

6.3.5. Instauração

A forma de proposição do IRDR, variará conforme o legitimado, nos termos do art. 977 e seus incisos. O juiz e o relator o farão por meio de ofício, enquanto as partes, o Ministério Público e a Defensoria Pública, por intermédio de petição. O destinatário dos ofícios e petições, todavia, será sempre o Presidente do tribunal (art. 977, *caput*).

O ofício ou a petição de postulação, decerto, devem particularizar a questão de direito, bem como destacar a controvérsia que sobre ela se instaura, eventualmente referindo passagens dos processos paradigmáticos.

Podem acompanhar a peça introdutória, conforme orienta o parágrafo único do art. 977, os documentos necessários para demonstrar a presença dos pressupostos previstos no art. 976 para a instauração do incidente. Desta forma, naturalmente acompanharão o requerimento cópias dos processos contendo idêntica matéria de direito controverti-

[414] NERY JUNIOR, Nelson; NERY, Rosa Maria de Andrade. *Código de processo civil comentado*. 16ª ed. São Paulo: Revista dos Tribunais, 2016, p. 2113.

[415] DIDIER JR., Fredie; CUNHA, Leonardo José Carneiro da. *Curso de Direito Processual Civil*, vol. 3. 13ª ed. Salvador: Juspodivm, 2016, p. 633.

[416] MENDES, Aluisio Gonçalves de Castro; RODRIGUES, Roberto Aragão Ribeiro. Reflexões sobre o Incidente de Resolução de Demandas Repetitivas previsto no Projeto de Novo Código de Processo Civil. *Revista de Processo 2012, Repro* 211.

da[417] ou "a certidão do ofício da distribuição da(s) comarca(s), seção(ões) ou subseção(ões) judiciarias, conforme o caso".[418]

O IRDR não está sujeito às custas processuais, conforme explicita o art. 976, § 5º. As leis de organização judiciária, portanto, não podem estipular a taxação nem do ato inicial nem dos subsequentes, como o eventual agravo interno interposto contra ato do relator.[419]

Segue-se ao protocolo o registro (art. 939, *caput*), a distribuição (art. 930, *caput*) e a conclusão ao relator (art. 931), no âmbito do órgão jurisdicional competente.[420]

6.3.6. *Juízo de admissibilidade*

O juízo admissibilidade do incidente, conforme o determina o art. 981, deverá ser realizado pelo órgão colegiado competente para o julgamento. A este, portanto, e não ao relator monocraticamente, cabe verificar a configuração dos pressupostos previstos no art. 976, I e II.[421]

O Tribunal de Justiça de São Paulo, nesta linha, determina no art. 192, § 3º, I, do Regimento Interno:

> Protocolizado o pedido de instauração do incidente dirigido ao Presidente do Tribunal, será, imediatamente, distribuído ao órgão competente e encaminhado ao relator, que o encaminhará à Mesa para o juízo de admissibilidade pela Turma Julgadora.

Ao relator, singularmente, outras providências são atribuídas. O art. 982 dispõe que, admitido o incidente, o relator: i) suspenderá processos pendentes, individuais ou coletivos, que tramitam no Estado ou na região, conforme o caso e comunicará aos órgãos competentes (§ 2º art. 982); ii) poderá requisitar informações a órgãos em cujo juízo tramita processo no qual se discute o objeto do incidente, que as prestarão no prazo de 15 (quinze) dias; iii) intimará o Ministério Público para, querendo, manifestar-se no prazo de 15 (quinze) dias.

A decisão do colegiado acerca da admissibilidade ou inadmissibilidade, do IRDR é passível, ao menos em tese, recurso especial, por violação ao art. 976.[422]

---

417 AMARAL, Guilherme Rizzo. *Comentários às Alterações do Novo CPC*. São Paulo: Revista dos Tribunais, 2015, p. 995.

418 ASSIS, Araken de. *Manual dos Recursos*. 8ª ed. São Paulo: Revista dos Tribunais, 2016, p. 463.

419 *Idem*, p. 462.

420 *Ibidem*.

421 BUENO, Cassio Scarpinella. *Manual de direito processual civil: inteiramente estruturado à luz do novo CPC, de acordo com a Lei n.13.256, de 4-2-2016*. 2ª ed. São Paulo: Saraiva, 2016, p. 639.

422 *Ibidem*. No sentido do descabimento de qualquer recurso, salvo embargos de declaração: DIDIER JR., Fredie; CUNHA, Leonardo José Carneiro da. *Curso de Direito Processual Civil*, vol. 3. 13ª ed. Salvador: Juspodivm, 2016, p. 629.

Nada obstante, o Superior Tribunal de Justiça já decidiu pelo descabimento do recurso especial para impugnar a decisão de inadmissibilidade do IRDR, sob o argumento de que não há interesse recursal, pois há a possibilidade de novo requerimento, e também porque o acórdão que inadmite a instauração do IRDR não preenche o pressuposto constitucional da causa decidida apto a viabilizar o conhecimento de quaisquer recursos excepcionais, uma vez que ausente, na hipótese, o caráter de definitividade no exame da questão litigiosa.[423]

O recurso extraordinário, por sua vez, dificilmente encontrará espaço, porquanto não há questão constitucional concebível.[424]

Embargos de declaração são sempre admissíveis, conforme deixa claro o art. 1.022,[425] embora surpresas possam surgir nos tribunais superiores, a exemplo do entendimento do descabimento de embargos de declaração contra decisão de inadmissibilidade dos recursos especial e extraordinário.[426]

Caso seja proferida decisão monocrática pela admissão ou inadmissão do IRDR – o que a lei não autoriza (art. 981), como já dito acima

---

[423] CIVIL E PROCESSUAL CIVIL. INCIDENTE DE RESOLUÇÃO DE DEMANDAS REPETITIVAS – IRDR. ACÓRDÃO DE TRIBUNAL DE 2º GRAU QUE INADMITE A INSTAURAÇÃO DO INCIDENTE. RECORRIBILIDADE AO SUPERIOR TRIBUNAL DE JUSTIÇA. DESCABIMENTO. AUSÊNCIA DE INTERESSE RECURSAL. POSSIBILIDADE DE NOVO REQUERIMENTO DE INSTAURAÇÃO DO IRDR QUANDO SATISFEITO O REQUISITO AUSENTE POR OCASIÃO DO PRIMEIRO PEDIDO, SEM PRECLUSÃO. RECORRIBILIDADE AO STJ OU AO STF PREVISTA, ADEMAIS, SOMENTE PARA O ACÓRDÃO QUE JULGAR O MÉRITO DO INCIDENTE, MAS NÃO PARA O ACÓRDÃO QUE INADMITE O INCIDENTE. DE CAUSA DECIDIDA. REQUISITO CONSTITUCIONAL DE ADMISSIBILIDADE DOS RECURSOS EXCEPCIONAIS. AUSÊNCIA. QUESTÃO LITIGIOSA DECIDIDA EM CARÁTER NÃO DEFINITIVO. (...) 2- Não é cabível recurso especial em face do acórdão que inadmite a instauração do IRDR por falta de interesse recursal do requerente, pois, apontada a ausência de determinado pressuposto, será possível a instauração de um novo IRDR após o preenchimento do requisito inicialmente faltante, sem que tenha ocorrido preclusão, conforme expressamente autoriza o art. 976, § 3º, do CPC/15. 3- De outro lado, o descabimento do recurso especial na hipótese decorre ainda do fato de que o novo CPC previu a recorribilidade excepcional ao Superior Tribunal de Justiça e ao Supremo Tribunal Federal apenas contra o acórdão que resolver o mérito do Incidente, conforme se depreende do art. 987, caput, do CPC/15, mas não do acórdão que admite ou que inadmite a instauração do IRDR. 4- O acórdão que inadmite a instauração do IRDR não preenche o pressuposto constitucional da causa decidida apto a viabilizar o conhecimento de quaisquer recursos excepcionais, uma vez que ausente, na hipótese, o caráter de definitividade no exame da questão litigiosa, especialmente quando o próprio legislador previu expressamente a inexistência de preclusão e a possibilidade de o requerimento de instauração do IRDR ser novamente realizado quando satisfeitos os pressupostos inexistentes ao tempo do primeiro pedido. 5- Recurso especial não conhecido. (STJ-3ª Turma, REsp 1631846/DF, Rel. Ministro Paulo de Tarso Sanseverino, Rel. p/ Acórdão Ministra Nancy Andrighi, j. 05/11/2019, DJe 22/11/2019)

[424] ASSIS, Araken de. *Manual dos Recursos*. 8ª ed. São Paulo: Revista dos Tribunais, 2016, p. 464.

[425] DIDIER JR., Fredie; CUNHA, Leonardo José Carneiro da. *Curso de Direito Processual Civil*, vol. 3. 13ª ed., Salvador: Juspodivm, 2016, p. 629.

[426] (...) Consolidado na jurisprudência desta Corte Superior de Justiça que "a interposição de recurso manifestamente incabível contra decisão de inadmissibilidade do recurso especial, como os embargos de declaração, não interrompe o prazo para interposição do agravo nos próprios autos." (STJ – 1ª Turma, AgInt no AREsp 1526806/RJ, Rel. Ministro Benedito Gonçalves, j. 06/04/2020, DJe 13/04/2020).

– inarredável o cabimento do agravo interno para que a questão seja obrigatoriamente levada ao órgão competente (art. 1.021).[427]

O juízo de negativo de admissibilidade do IRDR não obsta, conforme art. 976, § 3º, que, uma vez satisfeito o pressuposto que não se fazia presente, seja o incidente novamente suscitado.[428]

6.3.7. Competência para processar e julgar

O órgão competente para processar e julgar o IRDR será, segundo o art. 978, aquele que o regimento interno do tribunal indicar, dentre os que têm incumbência para uniformização de jurisprudência.

Nada obstante o Código de Processo Civil deixar aos regimentos internos a definição da competência, decerto é fundamental que seja um órgão que represente todos os órgãos fracionários competentes para julgar a matéria controvertida. "E, ao mesmo tempo, o órgão competente não pode ser tão numeroso que seja difícil de reunir e de obter uma decisão persuasiva",[429] o que ocorre, por exemplo, com os órgãos especiais dos tribunais com grande números de membros. Recomendável, portanto, que caiba o julgamento a órgão que reúna câmaras ou turmas que sejam também competentes para examinar a temática trazida no incidente.[430]

No Tribunal Regional Federal da 4ª Região, por exemplo, nos termos do art. 188 do RITRF4, a competência para o julgamento do IRDR é atribuída à Corte Especial "quando a matéria envolver arguição de inconstitucionalidade ou competência de mais de uma Seção especializada" e às Seções especializadas, "quando a discussão versar sobre matéria restrita à sua competência". Note-se que é adequadamente respeitada a regra da reserva de plenário, prevista no art. 97 da Constituição Federal.

No Tribunal de Justiça de São Paulo, por sua vez, a competência para julgamento do IRDR é imposta às Turmas Especiais das Seções de Direito Público e de Direito Privado, conforme o art. 32, I, do RITJSP.

427 BUENO, Cassio Scarpinella. *Manual de direito processual civil*: inteiramente estruturado à luz do novo CPC, de acordo com a Lei n.13.256, de 4-2-2016. 2ª ed. São Paulo: Saraiva, 2016, p. 639.

428 DIDIER JR., Fredie; CUNHA, Leonardo José Carneiro da. *Curso de Direito Processual Civil*, vol. 3. 13ª ed., Salvador: Juspodivm, 2016, p. 632.

429 ASSIS, Araken de. *Manual dos Recursos*, 8ª ed., São Paulo: Revista dos Tribunais, 2016, p. 462.

430 DIDIER JR.; CUNHA, *loc. cit.*, p. 629.

6.3.8. *Efeitos da admissão*

A admissão do incidente pelo órgão colegiado gera uma série de efeitos. O principal deles é a suspensão, por ordem do relator, dos processos individuais e coletivos no âmbito da jurisdição do tribunal que contenham a mesma questão jurídica posta para análise do tribunal no incidente.[431]

A abrangência da suspensão será estadual, regional ou nacional, conforme o incidente se processou em um tribunal de justiça, em um tribunal regional federal ou em um tribunal superior.[432]

Nada obstante a abrangência da suspensão ser restrita à extensão territorial da jurisdição do tribunal competente, podem os legitimados dos incisos II e III do art. 977, visando à garantia da segurança jurídica, requerer ao tribunal superior competente para conhecer do recurso extraordinário ou especial, a suspensão de todos os processos (inclusive, portanto, os que tramitam no âmbito dos juizados especiais)[433] individuais ou coletivos em curso no território nacional que versem sobre a questão objeto do incidente já instaurado.

Desta forma, processando-se, por exemplo, o IRDR no TJRJ, podem as partes, o Ministério Público e a Defensoria Pública requerer ao Superior Tribunal de Justiça ou ao Supremo Tribunal Federal – a depender da matéria – que determine a suspensão de todos os processos que tratam sobre o tema, que tramitam no país.

A suspensão dos processos não é faculdade do relator. Admitido o incidente, todos os processos, inclusive aqueles que tramitem nos juizados especiais, devem ser suspensos. Esta suspensão geral e imperativa dos processos objetiva concentrar a discussão no IRDR, para que a tese nele fixada repercuta de modo uniforme em todos os processos que tratem do mesmo tema,[434] assegurando-se assim as perseguidas isonomia, segurança jurídica, previsibilidade e economia processual.[435]

Nelson Nery Jr. e Rosa Maria Andrade Nery divergem, contudo, acerca de ser a suspensão compulsória. Sustentam "que se a parte quiser que seu processo prossiga, tem o direito de assim exigir, de acordo

---

[431] BUENO, Cassio Scarpinella. *Manual de direito processual civil*: inteiramente estruturado à luz do novo CPC, de acordo com a Lei n.13.256, de 4-2-2016. 2ª ed. São Paulo: Saraiva, 2016, p. 640.

[432] ASSIS, Araken de. *Manual dos Recursos.* 8ª ed. São Paulo: Revista dos Tribunais, 2016, p. 465.

[433] DIDIER JR., Fredie; CUNHA, Leonardo José Carneiro da. *Curso de Direito Processual Civil,* vol. 3. 13ª ed., Salvador: Juspodivm, 2016, p. 640.

[434] *Idem*, p. 635.

[435] TALAMINI. Eduardo. *Incidente de Resolução de Demandas Repetitivas* (IRDR): Pressupostos. Disponível em: <https://www.migalhas.com.br/depeso/236580/incidente-de-resolucao-de-demandas-repetitivas-irdr-pressupostos>. Acesso em 28 de março de 2016.

com a CF art. 5º, XXXV, porquanto fere a garantia constitucional do direito de ação a determinação compulsória da paralisação do processo, em virtude da instauração do IRDR. As garantias fundamentais da CF 5º têm, ontologicamente e em sua essência, a oponibilidade contra o Estado e o direito da coletividade. Não há interesse público que possa contrapor-se às garantias fundamentais da CF 5º".[436]

A suspensão dos processos, conforme dispõe o § 1º do art. 982, há de ser comunicada a todos os juízes hierarquicamente vinculados ao tribunal. Portanto, se a suspensão foi determinada pelo Tribunal Regional Federal da 4ª Região, todos os juízes federais da 4ª Região devem ser oficiados. O RITRF4 disciplina:

> Art. 190. Admitido o incidente, o Relator determinará a suspensão dos processos pendentes, individuais e coletivos, que tramitem na Região, requisitará informações, se necessário, e intimará o Ministério Público Federal para, querendo, manifestar-se no prazo de quinze dias.
>
> § 1º A suspensão referida no caput deverá ser comunicada a todos os órgãos jurisdicionais da 4ª Região.

Adverte-se que não é possível limitar-se a comunicação aos juízos perante os quais o suscitante comprovou a existência de multiplicidade de processos (art. 976, I), porquanto esta demonstração é apenas uma amostragem, de sorte que pode haver juízos que não apareçam no relação apresentada. Ademais, é possível que causas supervenientes, cujo o objeto coincida com o do incidente, sejam propostas.[437]

Conforme o art. 980, parágrafo único, cessa a suspensão caso não seja o incidente julgado no prazo de um ano previsto no *caput* do art. 980, salvo decisão fundamentada em contrário do relator (art. 980, parágrafo único).

Cessa a suspensão, outrossim, na hipótese de, julgado o incidente em qualquer sentido, tenha se esgotado o prazo para interpor recurso especial ou extraordinário – conforme a natureza da questão de direito dirimida – contra a decisão proferida (art. 982, § 5º). Havendo interposição dos recursos excepcionais, a suspensão se mantém, pois neste caso, tais recursos detêm efeito suspensivo, conforme se intui do art. 982, § 5º.

A instauração do IRDR determina, também, nos termos do art. 979, *caput*, o registro eletrônico e a ampla e específica divulgação e publicidade de sua existência (e posteriormente de seu julgamento) pelo Conselho Nacional de Justiça.

---

436 NERY JUNIOR, Nelson; NERY, Rosa Maria de Andrade. *Código de processo civil comentado*. 16ª ed. São Paulo: Revista dos Tribunais, 2016, p. 2118.

437 ASSIS, Araken de. *Manual dos Recursos*. 8ª ed. São Paulo: Revista dos Tribunais, 2016, p. 465.

Os tribunais, por sua vez, deverão manter banco eletrônico de dados atualizados, com informações específicas sobre questões de direito submetidas ao IRDR, e deverão comunicá-las ao Conselho Nacional de Justiça (art. 979, § 1º).

Em observância à determinação do art. 979, § 1º, o RITJRS, em seu art. 298, dispõe que "incumbirá ao Núcleo de Gerenciamento de Precedentes (NUGEP) dar ampla publicidade e divulgação da instauração e julgamento do incidente, bem como promover o imediato registro eletrônico do objeto do incidente e do resultado do julgamento no Conselho Nacional de Justiça para a inclusão em cadastro".

6.3.9. Instrução

O art. 982, II, autoriza o relator a requisitar informações a órgãos em cujo juízo tramita processo no qual se discute o objeto do incidente, o quais terão o prazo de 15 (quinze) dias para resposta.

Para além disso, conforme dispõe o art. 983, *caput*, o relator ouvirá as partes e os demais interessados, inclusive pessoas, órgãos e entidades com interesse na controvérsia, que, no prazo comum de 15 (quinze) dias, poderão requerer a juntada de documentos, bem como as diligências necessárias para a elucidação da questão de direito controvertida. Em seguida, no mesmo prazo, poderá manifestar-se o Ministério Público.

A menção a *partes* há de "ser entendida amplamente para aceitar também que qualquer parte *individualmente* considerada que tenha processo seu suspenso mercê da instrução do incidente (art. 982, I) possa se manifestar diretamente no Tribunal para expor suas razões sobre a resolução de questão de direito".[438]

Consoante ensina Cassio Scarpinella Bueno, "as pessoas, órgãos e entidades com interesse na controvérsia" são aquelas mencionadas pelo art. 138, denominadas na doutrina por *amicus curiae*. "O interesse na manifestação em tais casos, importa destacar, é necessariamente o institucional e, portanto, inconfundível com o usual 'interesse jurídico', que caracteriza as demais modalidades de intervenção de terceiro".[439] Nelson Nery Junior e Rosa Maria de Andrade Nery, entretanto, defendem que a hipótese não se confunde com a participação do *amicus curiae*. Este tem a função de auxiliar o juiz na discussão da matéria que é posta em discussão, enquanto aqueles são terceiros que têm interesse

---

[438] BUENO, Cassio Scarpinella. *Manual de direito processual civil*: inteiramente estruturado à luz do novo CPC, de acordo com a Lei n.13.256, de 4-2-2016. 2ª ed. São Paulo: Saraiva, 2016, p. 644.

[439] *Ibidem*.

na solução da causa em algum sentido, podendo agir de forma direcionada.[440]

Permite-se que as manifestações das partes, *amicus curie* e Ministério Público sejam acompanhadas de provas, bem como de pedido de realização de diligências, que tenham o objetivo de elucidar a questão de direito.[441]

O § 1º do art. 983 autoriza a designação de audiência pública para a oitiva de depoimentos de pessoas com experiência e conhecimento na matéria. Procedimento semelhante é permitido e usualmente utilizado no âmbito do exercício do controle concentrado de constitucionalidade na Suprema Corte e no Superior Tribunal de Justiça nos julgamentos dos recursos especiais repetitivos.

6.3.10. Prazo de julgamento

O art. 980 estabelece o prazo de um 1 (um) ano para o julgamento do IRDR. A definição do prazo se mostra muito adequada. O IRDR reveste-se de evidente interesse público, à medida que a sua admissão determina a suspensão de inúmeros processos (art. 982, I) e que o seu julgamento impactará no resultado destes e outros tantos (art. 985, I e II).[442]

Nada obstante o artigo não defina o dia de início do prazo, entende-se que este flui a partir da decisão de admissão do incidente, referida no art. 981,[443] e escoa com o trânsito em julgado.

Caso não ocorra o julgamento do incidente no prazo de 1 (um) ano estipulado pelo art. 980, *caput*, cessará a suspensão dos processos determinada com amparo no art. 982, I, salvo decisão fundamentada do relator em sentido contrário. E desaparecendo a suspensão, cada órgão judiciário julgará a causa normalmente. Eventuais conflitos entre pronunciamentos serão dirimidos posteriormente, caso haja a superveniência, em tempo, da tese jurídica que deverá ser aplicada. Sobrevindo a tese jurídica após o trânsito em julgado, poderá o vencido valer-se da ação rescisória.[444]

O julgamento do IRDR, ainda nos termos do art. 980, *caput*, terá preferência sobre os demais feitos, com exceção dos que envolvam réu preso e os pedidos de *habeas corpus*.

---

440 NERY JUNIOR, Nelson; NERY, Rosa Maria de Andrade. *Código de Processo Civil comentado*. 16ª ed. São Paulo: Revista dos Tribunais, 2016, p. 2120.

441 ASSIS, Araken de. *Manual dos Recursos*. 8ª ed. São Paulo: Revista dos Tribunais, 2016, p. 465.

442 NERY JUNIOR; NERY, *loc. cit.*, p. 2117.

443 BUENO, Cassio Scarpinella. *Manual de direito processual civil:* inteiramente estruturado à luz do novo CPC, de acordo com a Lei n.13.256, de 4-2-2016. 2ª ed. São Paulo: Saraiva, 2016, p. 649. Também: ASSIS, *loc. cit.*, p. 467.

444 ASSIS, *loc. cit.*, p. 467.

6.3.11. *Julgamento*

Concluída a instrução, com a realização das diligências necessárias, produção das provas pertinentes e oitiva das partes e demais interessados, inclusive de eventual *amicus curiae* e do Ministério Público, o IRDR estará pronto para ser levado a julgamento, cabendo ao relator solicitar dia para tanto (§ 2º do art. 983).

O feito será, então, incluído em pauta que, naturalmente, deverá ser publicada no órgão oficial e afixada na entrada da sala de sessões, tudo em consonância com os arts. 934 e 935, *caput*, e § 2º.

Então, no dia e hora designados pelo Presidente do órgão colegiado competente, seguir-se-á o roteiro estipulado pelo art. 984: o relator fará a exposição do objeto do incidente, passando-se em seguida às sustentações orais. O autor e o réu do processo originário e o Ministério Público poderão expor verbalmente as suas razões pelo prazo de 30 (trinta) minutos. Em seguida, os demais interessados dividirão o prazo de 30 (trinta) minutos entre todos, desde que tenham se inscrito para falar com 2 (dois) dias de antecedência. Este prazo poderá ser ampliado a critério do Presidente, caso sejam muitos os inscritos (art. 984, § 1º).

Superadas as sustentações orais, passar-se-á à votação, iniciando pelo relator, a quem incumbe em seu voto examinar todos os argumentos contrários e favoráveis à tese jurídica controvertida, de sorte a permitir ao futuro acórdão atender o disposto no art. art. 984, § 2º.

Em seguida, cada um dos julgadores deverá proferir seu voto de forma fundamentada, sendo admitido que apenas adira às razões de decidir lançadas por outro membro.

Finalizada a votação, o Presidente computará os votos e declarará o resultado do julgamento: a fixação da tese jurídica a ser aplicada aos casos repetitivos.

Contudo, além de fixar a tese jurídica, o órgão colegiado também deverá – por força do parágrafo único do art. 978 – julgar o recurso, a remessa necessária ou o processo de competência originária de onde se originou o incidente, aplicando devidamente a tese fixada no julgamento do IRDR.

6.3.12. *Recursos admissíveis para impugnar o julgamento*

Consoante o art. 987, admissível recurso extraordinário ou especial, conforme o caso, para impugnar o julgamento de mérito do IRDR.

Decerto, cabível também embargos de declaração, caso presentes algum dos vícios referidos pelos art. 1.022, I, II e III.[445]

Os legitimados para a interposição dos referidos recursos são as partes, o Ministério Público, aqueles que são partes de processos que foram suspensos, bem como o *amicus curiae* (art. 138, § 3º).[446]

Ressaltam Didier e Cunha que quando se tratar de caso que tenha havido a suspensão nacional de processos determinada por tribunal superior, o universo de legitimados aos recursos excepcionais poderá ser de centenas ou milhares de pessoas. Nesta circunstância, sustentam que é razoável entender que a legitimidade para interpor os recursos excepcionais deve ser concorrente e disjuntiva, tal qual nos processos coletivos, Isto é, todos os legimitados são considerados como sendo a mesma pessoa, de sorte que se admitirá um único recurso.[447]

Nelson Nery Jr. e Rosa Maria Andrade Nery ressaltam, contudo, que o Código de Processo Civil, assim como qualquer lei ordinária, não tem competência para criar novas hipóteses de recursos para o Supremo Tribunal Federal e para o Superior Tribunal de Justiça, o que cabe apenas à Constituição Federal. Sustentam, ademais, que "a decisão que fixa a tese jurídica em abstrato, não pode ter aptidão para causar gravame porque não resolve *caso concreto*, de modo que não pode ser objeto de impugnação, *per se*, por meio de RE e REsp. A decisão que aplica a tese fixada em IRDR ao caso concreto, portanto, a decisão que resolve a lide, pode ser atacada por RE/REsp, se preenchidos os requisitos constitucionais para tanto (CF art. 102, III, e 105, III)".[448]

O Superior Tribunal de Justiça, contudo, já teve oportunidade de se manifestar em favor do cabimento do recurso especial para impugnar a decisão de mérito proferida no IRDR.[449]

---

[445] NERY JUNIOR, Nelson; NERY, Rosa Maria de Andrade. *Código de processo civil comentado.* 16ª ed. São Paulo: Revista dos Tribunais, 2016, p. 2123.

[446] DIDIER JR., Fredie; CUNHA, Leonardo José Carneiro da. *Curso de Direito Processual Civil*, vol. 3. 13ª ed. Salvador: Juspodivm, 2016, p. 640.

[447] *Idem*, p. 641.

[448] NERY JUNIOR; NERY, *loc. cit.*, p. 2123. Em sentido semelhante: BUENO, Cassio Scarpinella. *Manual de Direito Processual Civil*: inteiramente estruturado à luz do novo CPC, de acordo com a Lei n.13.256, de 4-2-2016. 2ª ed. São Paulo: Saraiva, 2016, p. 652.

[449] (...) RECORRIBILIDADE AO STJ OU AO STF PREVISTA, ADEMAIS, SOMENTE PARA O ACÓRDÃO QUE JULGAR O MÉRITO DO INCIDENTE, MAS NÃO PARA O ACÓRDÃO QUE INADMITE O INCIDENTE. DE CAUSA DECIDIDA. REQUISITO CONSTITUCIONAL DE ADMISSIBILIDADE DOS RECURSOS EXCEPCIONAIS. AUSÊNCIA. QUESTÃO LITIGIOSA DECIDIDA EM CARÁTER NÃO DEFINITIVO. 3- De outro lado, o descabimento do recurso especial na hipótese decorre ainda do fato de que o novo CPC previu a recorribilidade excepcional ao Superior Tribunal de Justiça e ao Supremo Tribunal Federal apenas contra o acórdão que resolver o mérito do Incidente, conforme se depreende do art. 987, caput, do CPC/15, mas não do acórdão que admite ou que inadmite a instauração do IRDR. 4- O acórdão que inadmite a instauração do IRDR não preenche o pressuposto constitucional da causa decidida apto a viabilizar o conheci-

Os recursos extraordinário e especial, conforme explicita o § 1º do art. 987, excepcionalmente (art. 995, *caput*), terão efeito suspensivo.

O recurso extraordinário, por sua vez, terá a repercussão geral presumida, o que é justificável em razão da relevância da matéria discutida e do potencial que tem de causar impacto em muitas outras relações jurídicas. Advertem Nelson Nery Jr. e Rosa Maria de Andrade Nery que se trata de presunção *iuris tantum*, pois o Supremo Tribunal Federal, a quem compete o exame de admissibilidade, pode entender de forma diversa e não conhecer do recurso.[450] Em sentido diverso, Fredie Didier Jr. e Leonardo Carneiro da Cunha, afirmam trata-se de presunção legal absoluta, não admitindo prova em contrário.[451]

6.3.13. Efeitos da fixação da tese jurídica

O verdadeiro objetivo do IRDR é alcançado quando, fixada a tese jurídica, repercuta nos casos que versem sobre a mesma questão de direito, representando economia processual, segurança jurídica e isonomia.

Pouca efetividade teria o instituto, caso não houvesse a obrigatoriedade de que os órgãos jurisdicionais observassem a tese fixada.

De sorte a concretizar o desígnio do IRDR, o art. 985 determina que, julgado o incidente, a tese jurídica será aplicada i) a todos os processos individuais ou coletivos que versem sobre idêntica questão de direito e que tramitem na área de jurisdição do respectivo tribunal, inclusive àqueles que tramitem nos juizados especiais; e ii) aos casos futuros que versem idêntica questão de direito e que venham a tramitar no território de competência do tribunal, salvo o caso revisão da tese jurídica.

A não observância, pelos órgãos jurisdicionais vinculados, à tese jurídica fixada, ensejará o ajuizamento da reclamação, ação voltada a preservar a competência do tribunal e/ou a autoridade das suas decisões.[452]

O dispositivo sofre algumas censuras pela doutrina por estar em desacordo com a Constituição Federal: a) por primeiro, sustenta-se que

---

mento de quaisquer recursos excepcionais, uma vez que ausente, na hipótese, o caráter de definitividade no exame da questão litigiosa. (STJ-3ª Turma, REsp 1631846/DF, Rel. Min. Paulo de Tarso Sanseverino, Rel. p/ Acórdão Ministra Nancy Andrighi, j. 05/11/2019, DJe 22/11/2019)

450 NERY JUNIOR, Nelson; NERY, Rosa Maria de Andrade. *Código de Processo Civil comentado.* 16ª ed. São Paulo: Revista dos Tribunais, 2016, p. 2123.

451 DIDIER JR., Fredie; CUNHA, Leonardo Carneiro. *Curso de Processo Civil*, vol. 3. 13ª ed. Salvador: Juspodivm, 2016, p. 641.

452 BUENO, Cassio Scarpinella. *Manual de Direito Processual Civil*: inteiramente estruturado à luz do novo CPC, de acordo com a Lei n.13.256, de 4-2-2016. 2ª ed. São Paulo: Saraiva, 2016, p. 654.

"sem autorização expressa da Constituição não pode haver decisão judicial que vincule outros órgãos do Poder Judiciário, bem como particulares e segundo o sistema constitucional brasileiro, somente vinculam as decisões do STF em controle abstrato da constitucionalidade das leis e atos normativos (CF art. 102, § 2º) e às sumulas vinculantes do mesmo STF (CF art. 103, *caput*)".[453] A vinculação como determinada, transforma o Judiciário em legislador[454] e b) depois, afirma-se que os juizados especiais não podem estar vinculados à tese fixada por tribunal, isso porque a sua instância recursal, conforme o art. 98, I, da Constituição Federal, é a turma ou colégio recursal e não o Tribunal de Justiça ou o Tribunal Regional Federal. Em razão disso, sustenta-se a inconstitucionalidade do dispositivo.[455]

6.3.14. Revisão da tese jurídica fixada

Nada obstante o sistema processual, em seu art. 926, estimule a estabilidade da jurisprudência dos tribunais, inegável que o dinamismo da vida exige a possibilidade de eventuais revisões.

Com este intuito, autoriza o art. 986 que a tese jurídica fixada no julgamento do IRDR seja revisada. Não se trata, decerto, de recurso contra a decisão que fixou a tese jurídica, e, sim, de uma "revisão, de reinterpretação dos argumentos apresentados, ou em função de mudança

---

[453] NERY JUNIOR, Nelson; NERY, Rosa Maria de Andrade. *Código de Processo Civil comentado.* 16ª ed. São Paulo: Revista dos Tribunais, 2016, p. 2121.

[454] "O artigo 995, § 1º do Projeto, padece, salvo melhor juízo, de vício de inconstitucionalidade, ao determinar que a tese jurídica consagrada na incidente seja aplicada também a casos futuros que versem idêntica questão de direito. Com relação aos casos pendentes, a vinculação ao decidido pode ser explicada como hipótese de competência funcional, isto é, hipótese em que atos praticados num mesmo processo cabem a órgãos jurisdicionais distintos, agindo cada qual no âmbito de sua competência própria. Mas a eficácia futura, geral e abstrata, prevista no Projeto, transforma o Judiciário em legislador, em afronta ao princípio da separação dos poderes. Recorde-se, a propósito, que a súmula vinculante foi introduzida no Brasil por emenda constitucional, o que poderá ser um argumento a reforçar tal entendimento. Por outro lado, é possível argumentar que se o problema é o de atribuição de funções de legislador positivo ao Poder Judiciário, este problema se verifica igualmente no caso da súmula vinculante do STF instituída por emenda constitucional, que, por violar "cláusula pétrea" (separação dos poderes) também seria inconstitucional, embora isso não tenha sido reconhecido pelo STF, a despeito de ventilado por setores da doutrina por ocasião da discussão e aprovação da assim chamada Reforma do Judiciário, no bojo da qual foi criada a súmula vinculante" (SARLET, Ingo Wolfgang; TESHEINER, José Maria Rosa; FERNANDES, Juliano Gianechini. *Instrumentos de uniformização da jurisprudência e precedentes obrigatórios no Projeto do Código de Processo Civil.* Disponível em: <http://www.tex.pro.br/home/noticias2/175-artigos-set-2013/4751-instrumentos-deuniformizacao-da-jurisprudencia-e-precedentes-obrigatorios-no-projeto-do-codigo-deprocesso-civil>. Acesso em: 20 fev. 2014).

[455] BUENO, Cassio Scarpinella. *Manual de Direito Processual Civil*: inteiramente estruturado à luz do novo CPC, de acordo com a Lei n.13.256, de 4-2-2016. 2ª ed. São Paulo: Saraiva, 2016, p. 648. Em sentido oposto: DIDIER JR., Fredie; CUNHA, Leonardo José Carneiro da. *Curso de Direito Processual Civil*, vol. 3. 13ª ed. Salvador: Juspodivm, 2016, p. 643.

da conjuntura econômica, política ou social que permita uma nova análise da questão".[456]

A revisão da tese há se ser realizada pelo mesmo tribunal que a fixou, de ofício, ou a requerimento dos legitimados referidos no art. 977, III, que são o Ministério Público e a Defensoria Pública, sempre devendo ser observada a pertinência frente às suas atribuições constitucionais. As partes, de sua vez, foram inibidas de solicitar a revisão. Entretanto, considerando que o tribunal pode tomar a iniciativa de ofício, nada impede que as partes o provoquem por intermédio de petição dirigida ao seu Presidente.[457]

O Código não esclarece como deverá se proceder a revisão, mas pode-se intuir que se dará por meio de outro incidente, como semelhante processamento.

O resultado do julgamento do pedido de revisão pode ser: i) a manutenção da tese; ii) a revogação da tese e a sua substituição por outra; e iii) a modificação da tese.

Havendo revogação ou modificação da tese, há de se observar a determinação do art. 927, § 4º, de fundamentação adequada e específica, considerando os princípios da segurança jurídica, da proteção da confiança e da isonomia.

Por fim, de todo recomendado que haja a modulação de efeitos, nos termos do art. 927, § 3º, em respeito i) à segurança jurídica; ii) à boa-fé do Poder Público e do administrado, contribuinte ou jurisdicionado, que agiu de acordo com o que estava prescrito na lei até então vigente ou na jurisprudência até então dominante e iii) à irretroatividade do direito.

---

[456] NERY JUNIOR, Nelson; NERY, Rosa Maria de Andrade. *Código de Processo Civil comentado.* 16ª ed. São Paulo: Revista dos Tribunais, 2016, p. 2122.

[457] ASSIS, Araken de. *Manual dos Recursos.* 8ª ed. São Paulo: Revista dos Tribunais, 2016, p. 469.

Obras consultadas

ALLA, Valentina Jungmann Cintra. *O recurso de agravo e a Lei 9.139, de 30.11.1995*. São Paulo: Revista dos Tribunais, 1998.

ALMEIDA, José Antônio. *Agravo interno e ampliação dos poderes do relator: aspectos polêmicos e atuais dos recursos e outros meios de impugnação às decisões judiciais*, vol. 7. São Paulo: Revista dos Tribunais, 2003.

ALVIM, Eduardo Arruda. *Direito Processual Civil*. 2ª ed. São Paulo: Revista dos Tribunais, 2008.

ALVIM, J.E. Carreira. *Novo agravo*. 5ª ed. Rio de Janeiro: Forense, 2003.

AMARAL, Guilherme Rizzo. *Comentários às alterações do novo CPC*. São Paulo: Revista dos Tribunais, 2015.

AMARAL, Paulo Osternack. Produção de provas em fase recursal. *Revista Jurídica da Escola Superior de Advocacia da OAB-PR* – Edição Especial – Ano 3 – Número 1 – Maio de 2018.

AMARAL JR., José Levi Mello do. *Incidente de arguição de inconstitucionalidade*. São Paulo: Revista dos Tribunais, 2002.

ARAGÃO, Egas Dirceu Moniz de. Do agravo regimental. *Revista dos Tribunais*, São Paulo, v. 315, 1962.

ARENHART, Sérgio Cruz. A nova postura do relator no julgamento dos recursos. *RePro*, São Paulo, n. 103, p. 37-58, 2001.

ARRUDA ALVIM. José Manuel. *Manual de direito processual civil*, vols. 1 e 2. 12ª ed. São Paulo: RT, 2008.

——. Principios fundamentales y formativos del procedimiento civil brasileño. *Revista de Processo*, v. 38, 1985, p. 84-110.

ASSIS, Araken de. *Manual dos Recursos*. 8ª ed. São Paulo: Revista dos Tribunais, 2016.

——. Notas sobre o Direito Transitório na Lei 10.352/2001. Disponível em: <http://www.tjrs.gov.br>, acesso em 12-02-2009.

——. *Manual dos Recursos*. 2ª ed. São Paulo: Revista dos Tribunais, 2008.

——. Introdução aos sucedâneos recursais. In: *Aspectos polêmicos e atuais dos recursos e outros meios de impugnação às decisões judiciais*. Teresa Arruda Alvim Wambier (Coord.). São Paulo: Revista dos Tribunais, 2002.

AZEM, Guilherme Beux Nassif. *Processo nos tribunais, arts. 476 a 479*, disponível em: <http://www.tex.pro.br>, acesso em 04-04-2009.

BARROSO, Darlan. *Manual de Direito Processual Civil*, vol. II – recursos e processo de execução, Barueri-SP: Manole, 2007.

BERIZONCE, Roberto Omar. *Recientes tendencias em la posición del juez*. El juez y la magistratura. Roberto Omar Berizonce (Coord.). Buenos Aires: Rubinzal-Culzoni, 1999.

BERMUDES, Sérgio. *Introdução ao Processo Civil*. 4ª ed. Rio de Janeiro: Forense, 2006.

——. *A reforma do Código de Processo Civil*. 2. ed. São Paulo: Saraiva, 1996.

——. *Comentários ao Código de Processo Civil*, vol. 7. 2ª ed. São Paulo: Revista dos Tribunais, 1977.

BORGES, Marcos Afonso. Alterações do Código de Processo Civil oriundas da Lei 9.756, de 17 de dezembro de 1998, *RePro* 94/7-11.

BUENO, Cassio Scarpinella. *Manual de Direito Processual Civil*: inteiramente estruturado à luz do novo CPC, de acordo com a Lei n.13.256, de 4-2-2016. 2ª ed. São Paulo: Saraiva, 2016.

——. *Curso Sistematizado de Direito Processual Civil*, vol. 5. São Paulo: Saraiva, 2008.

——. *Código de Processo Civil interpretado*. Antônio Carlos Marcatto (Coord.). 3ª ed. São Paulo: Atlas, 2008.

CALAMANDREI, Piero. *Eles, os juízes, vistos por um advogado*. São Paulo: Martins Fontes, 2000.

——. *Processo e Democracia*. Pádua: Cedam, 1952.

——. *Eles, os Juízes, vistos por nós, Advogados*, 2ª ed. Lisboa: Clássica Ed., 1943.

CÂMARA, Alexandre Freitas. *Lições de Direito Processual Civil*, vol. II. 2ª ed. Rio de Janeiro: Lumen Juris, 2004.

——. O objeto da cognição no processo civil. *Livro de Estudos Jurídicos*, nº 11, Rio de Janeiro: Instituto de Estudos Jurídicos, 1995.

CAMBI, Accácio. Aspectos polêmicos na aplicação do art. 557 do CPC. In: *Aspectos polêmicos e atuais dos recursos e outros meios de impugnação às decisões judiciais*, vol. 7. Teresa Arruda Alvim Wambier (Coord.). São Paulo: Revista dos Tribunais, 2003.

CARNEIRO, Athos Gusmão. *Recurso especial, agravos e agravo interno*. 2ª ed. Rio de Janeiro: Forense, 2002.

——. Poderes do relator e agravo interno: arts. 557, 544 e 545 do CPC. R*evista Síntese de Direito Civil e Processual Civil*, Porto Alegre, n. 6,:p. 9-18, jul./ago. 2000.

——. *O novo recurso de agravo e outros estudos*. 4ª ed. Rio de Janeiro, Forense: 1998.

CARPES, Artur. *Ônus dinâmico da prova*. Porto Alegre: Livraria do Advogado Editora, 2010.

CARVALHO, Fabiano. *Poderes do relator nos recursos* – Art. 557 do CPC. São Paulo: Saraiva, 2008.

COUTURE. Eduardo J. *Fundamentos del Derecho Procesal Civil*. 4ª ed. Montevideo; Buenos Aires: Ed. B de F, 2004.

CRUZ E TUCCI, José Rogério. Nulidade das decisões judiciais por defeito de motivação. *Revista Consultor Jurídico*, 21 de novembro de 2017, acesso em 24 de março de 2020.

——. A lição de Calamandrei, os vasos comunicantes e o direito do advogado ser recebido pelo Magistrado: *Revista do Advogado*, nº 100, São Paulo: AASP, 2008, p. 66-69.

DE PLÁCIDO E SILVA, *Vocabulário jurídico*. Ed. eletrônica. São Paulo: Forense, 1999. verbete "delegação".

DIDIER JR., Fredie. *Recurso de terceiro – Juízo de admissibilidade*. São Paulo: Revista dos Tribunais, 2002.

——; CUNHA, Leonardo José Carneiro da. *Curso de Direito Processual Civil*. 13ª ed. Salvador: Juspodivm, 2016, vol. 3.

——; ——. *Curso de Direito Processual Civil*, vol. 3. 7ª ed. Salvador: Juspodivm, 2009.

DINAMARCO, Cândido Rangel. *A reforma da reforma*. São Paulo: Malheiros, 2002.

——. *Instituições de Direito Processual Civil*, vol. 1. São Paulo: Malheiros, 2001.

——. O relator, a jurisprudência e os recursos. In: *Aspectos polêmicos e atuais dos recursos cíveis de acordo com a Lei 9.756/98*. Teresa Arruda Alvim Wambier (Coord.). São Paulo: Revista dos Tribunais, 1999.

FADEL, Sérgio Sahione. *Código de Processo Civil comentado*, t. III. Rio de Janeiro: José Konfino Editor, 1974.

FAGUNDES, M. Seabra. *Dos recursos ordinários em matéria civil*. Rio de Janeiro: Forense, 1946.

FERREIRA FILHO, Manuel Caetano. *Comentários ao Código de Processo Civil*, vol. 7. São Paulo: Revista dos Tribunais, 2001.

FRANCO, Fábio Luis. *Algumas considerações acerca do recurso do agravo pós reforma da reforma*. São Paulo: Revista dos Tribunais, 2003.

FRANZÉ, Luís Henrique Barbante. *O agravo frente aos pronunciamentos de primeiro grau no Processo Civil*. 4. ed. Curitiba: Juruá, 2006.

——. *Tutela antecipada recursal*. Curitiba: Juruá, 2007.

FREITAS, Vladmir Passos de. A polêmica da transmissão ao vivo dos julgamentos nos tribunais. *Consultor Jurídico*, postado em 22 de abril de 2018, disponível em: <http://www.consultorjuridico.com.br>, acesso em 24 de maio de 2020.

FUX, Luiz. *Curso de direito processual civil*. Rio de Janeiro: Forense, 2004.

GUIMARÃES, Mário. *O Juiz e a Função Jurisdicional*. Rio de Janeiro: Forense, 1958.

GRECO FILHO, Vicente. *Direito Processual Civil brasileiro*, vol. 2. 16ª ed. São Paulo: Saraiva, 2003.

——. *Direito Processual Civil brasileiro*, vol. 2. 14ª ed. São Paulo: Saraiva, 2000.

HARTMANN, Ivar; CHADA, Daniel. *Distribuição dos processos no STF é realmente aleatória?*. Disponível em: <http://www.jota.com.br>, acesso em 20 de maio de 2020.

JORGE, Flávio Cheim Jorge. *Apelação cível*: teoria geral e admissibilidade. São Paulo: Revista dos Tribunais, 1999.

KASPARY, Adalberto J. *Linguagem do Direito*, disponível em: <http://www.espacovital.com.br>, acesso em 30.06.2003.

LIMA, Alcides de Mendonça. *Introdução aos Recursos Cíveis*. São Paulo: Revista dos Tribunais, 1976.

MACEDO, Elaine Harzheim. Anotações aos artigos 929 a 946. In: *Novo Código de Processo Civil Anotado*, Porto Alegre: OAB RS, 2015.

MANCUSO. Rodolfo de Camargo. *Recurso extraordinário e Recurso Especial*. 10ª ed. São Paulo: Revista dos Tribunais, 2009.

MARCATO, Antonio Carlos (Coord.). *Código de Processo Civil interpretado*. 3ª ed. São Paulo: Atlas, 2008.

MARINONI, Luiz Guilherme; ARENHART, Sérgio Cruz. *Manual do Processo de Conhecimento*. 5ª ed. São Paulo: Revista dos Tribunais, 2006.

——; MITIDIERO, Daniel. *Código de Processo Civil comentado artigo por artigo*. 5ª ed. São Paulo: Revista dos Tribunais, 2013.

MENDES, Aluisio Gonçalves de Castro; RODRIGUES, Roberto Aragão Ribeiro, Reflexões sobre o Incidente de Resolução de Demandas Repetitivas previsto no Projeto de Novo Código de Processo Civil. *Revista de Processo 2012, REPRO* 211.

MIRANDA, Gilson Delgado; PIZZOL, Patrícia Miranda. *Recursos no Processo Civil*. 6ª ed. São Paulo: Atlas, 2009.

MOREIRA, José Carlos Barbosa. *Comentários ao Código de Processo Civil*, vol. V. 14ª ed. Rio de Janeiro: Forense, 2008.

——. Que significa "não conhecer" de um recurso? *Revista Forense*, v. 92, n. 333, 1996, p. 83-94.

NEGRÃO, Theotonio; GOUVÊA, José Roberto F. *Código de Processo Civil e legislação processual em vigor*. 41ª ed. São Paulo: Saraiva, 2009.

NERY JUNIOR, Nelson. Conexão – Junção de processos. São Paulo: *Revista de Processo*, São Paulo: RT, 64/158.

——; NERY, Rosa Maria Andrade. *Código de Processo Civil comentado*. 16ª ed. São Paulo: Revista dos Tribunais, 2016.

——; ——. *Comentários ao Código de Processo Civil*. São Paulo: Revista dos Tribunais, 2015.

——; ——. *Código de processo civil comentado e legislação extravagante*. 13ª ed. São Paulo: Revista dos Tribunais, 2013.

——; ——. *Código de Processo Civil e legislação Processual Civil extravagante em vigor*. 4. ed. São Paulo: Revista dos Tribunais, 2007.

NEVES, Daniel Amorim Assumpção. *Novo CPC – inovações, alterações e supressões comentadas*. Rio de Janeiro: Método, 2015.

OLIVEIRA, Carlos Alberto de; MITIDIERO, Daniel. *Curso de Processo Civil*, vol. 1. São Paulo: Atlas, 2010.

ORIONE NETO, Luiz. *Recursos cíveis*. 2ª ed. São Paulo: Saraiva, 2006.

PARÁ FILHO, Tomás. A chamada uniformização de jurisprudência. São Paulo: *Revista de Processo*, São Paulo: RT, v. 1, n.1, jan./mar. 1976, p. 71-82.

PAULA, Alexandre de. *Código de Processo Civil anotado*. 3ª ed. São Paulo: Revista dos Tribunais, 1986.

PEÑA, Eduardo Chemale Selistre. *O recurso de agravo como meio de impugnação das decisões interlocutórias de primeiro grau*. Porto Alegre: Livraria do Advogado Editora, 2008.

——. *O Princípio do juiz natural*. [S.l.: s.n, 200-]. Disponível em: <http:\\www.tex.pro.com.br>. Acesso em: 6 de maio 2006.

——. *Cognição no Processo Civil*: plena e limitada; exauriente e sumária, disponível em <http:\\www.tex.pro.com.br>. Acesso em 11 de novembro de 2008.

——. Transmissão ao vivo dos julgamentos do STF: a luz do sol é o melhor desinfetante, *Jornal do Comércio* de Porto Alegre, edição de 7 de novembro de 2019.

PINTO, Nelson. *Código de Processo Civil interpretado*. Antônio Carlos Marcatto (Coord.). 3ª ed. São Paulo: Atlas, 2008.

——. Recurso especial e recurso extraordinário – a Lei 8.038, de 28.5.90 e as alterações no Código de *Processo Civil, RePro*, 57. São Paulo: Revista dos Tribunais, 1990.

PIZZOL, Patrícia Miranda. *Código de Processo Civil interpretado*. Antônio Carlos Marcato (Coord.). 3ª ed. São Paulo: Atlas, 2008.

PONTES DE MIRANDA, Francisco Cavalcanti. *Comentários ao Código de Processo Civil*, t. VIII: arts. 539 a 565. 3ª ed. Rio de Janeiro: Forense, 2001.

——. *Comentários ao Código de Processo Civil*, t. VIII: arts. 539 a 565. 2ª ed. Rio de Janeiro: Forense, 2000.

——. *Comentários ao Código de Processo Civil*, t. VIII: arts. 539 a 565. Rio de Janeiro-São Paulo: Forense, 1975.

PORTANOVA, Rui. *Princípios do Processo Civil*. 6ª ed. Porto Alegre: Livraria do Advogado, 2005.

PORTO, Guilherme Athayde. *Formação da coisa julgada e prova produzida*: uma perspectiva do processo coletivo para o individual. Porto Alegre: Livraria do Advogado Editora, 2015.

PORTO, Sérgio Gilberto. *Processo civil contemporâneo*: elementos, ideologia e perspectivas. Salvador: Juspodivm, 2018.

——. *Comentários ao código de processo civil*, vol. 6. São Paulo: Revista dos Tribunais, 2000.

——; USTÁRROZ, Daniel. *Manual dos Recursos Cíveis*. Porto Alegre: Livraria do Advogado, 2007.

SANCHES, Sydney. *Uniformização da jurisprudência*. São Paulo: Revista dos Tribunais, 1976.

SANDOVAL, Ovídio Rocha Barros. *O Poder Judiciário brasileiro a partir da Independência*. São Paulo: Revista dos Tribunais, 1978.

SANTOS, Ernani Fidélis dos. *Curso de Direito Processual Civil*, vol. 1. 13ª ed. São Paulo: Saraiva, 2009.

SANTOS, Moacyr Amaral. *Primeiras linhas de Direito Processual Civil*, vol. 1. 21ª ed., São Paulo: Saraiva, 1999.

SARLET, Ingo Wolfgang; TESHEINER, José Maria Rosa; FERNANDES, Juliano Gianechini. *Instrumentos de uniformização da jurisprudência e precedentes obrigatórios no Projeto do Código de Processo Civil*. Disponível em: <http://www.tex.pro.br/home/noticias2/175-artigos-set-2013/4751-instrumentos-deuniformizacao-da-jurisprudencia-e-precedentes-obrigatorios-no-projeto-do-codigo-deprocesso-civil>. Acesso em: 20 fev. 2014.

SILVA, Ovídio Araújo Baptista da. *Curso de Processo Civil*: processo de conhecimento, 1º vol. 7ª ed. São Paulo: Revista dos Tribunais, 2006.

——. *Curso de Processo Civil*: processo de conhecimento, 1º vol. 5ª ed. São Paulo: Revista dos Tribunais, 2000.

SOUZA, Bernardo Pimentel. *Introdução aos Recursos Cíveis e à Ação Rescisória*. 4ª ed. São Paulo: Saraiva, 2007.

TALAMINI. Eduardo. *Incidente de Resolução de Demandas Repetitivas (IRDR): Pressupostos*. Disponível em: <https://www.migalhas.com.br/depeso/236580/incidente-de-resolucao-de-demandas-repetitivas-irdr-pressupostos.> Postado em 28 de março de 2016, acesso em 20 de maio de 2020.

——. *Decisões individualmente proferidas por integrantes dos tribunais:* legitimidade e controle (agravo interno): Aspectos polêmicos e atuais dos recursos de acordo com a Lei 10.352/2001. São Paulo: Revista dos Tribunais, 2002b. v. 5.

TEIXEIRA, Sálvio de Figueiredo. *Código de Processo Civil anotado*. 7ª ed. São Paulo: Saraiva, 2003.

TESHEINER, José Maria Rosa. *Recurso das decisões do relator*. [S.l.: s.n, 200-a]. Disponível em: <http://www.tex.pro.br>. Acesso em: 10 nov. 2005.

——. Uniformização de Jurisprudência, *Revista da Ajuris*, v. 50, Porto Alegre: AJURIS, 1990, p. 178-183.

THAMAY, Rennan Faria Kruger. *Manual de Direito Processual Civil*. 3ª ed. São Paulo: Saraiva, 2019.

THEODORO JÚNIOR, Humberto. *Curso de Direito Processual Civil*, vol. III. 50ª ed. Rio de Janeiro: Forense, 2017.

——. *Inovações da Lei 10.352/200, em matéria de recursos cíveis e duplo grau de jurisdição*: aspectos polêmicos e atuais dos recursos e outros meios de impugnação às decisões judiciais. São Paulo: Revista dos Tribunais, 2002.

VALLADÃO, Luiz Fernando. Características e nuances da sustentação oral conforme o novo CPC. *Revista Consultor Jurídico*, disponível em <https://www.conjur.com.br>, acesso em 16 de setembro de 2018.

VELOSO, Zeno. *Controle jurisdicional de constitucionalidade*. Belém: CEJUP, 1999.

VIGLIAR, José Marcelo Menezes. *Código de Processo Civil interpretado*. Antônio Carlos Marcatto (Coord.). 3ª ed. São Paulo: Atlas, 2008.

WAMBIER, Luiz Rodrigues; ALMEIDA, Renato Correia de; TALAMINI, Eduardo. *Curso Avançado de Processo Civil*. 2ª ed. São Paulo, 1999.

WAMBIER, Teresa Arruda Alvim *et al*. *Breves Comentários ao novo Código de Processo Civil*. São Paulo: Revista dos Tribunais, 2015.

——. A nova lei do agravo. *Revista Jurídica Consulex*, São Paulo, ano 10, n. 217, p. 36-39, 31 jan. 2006.

——. *Os agravos no CPC brasileiro*. 3ª ed. São Paulo: Revista dos Tribunais, 2000.

——. *O novo regime do agravo*. 2ª ed. São Paulo: Revista dos Tribunais, 1996.

——. *Nulidades da sentença*. 3ª ed. São Paulo: Revista dos Tribunais, 1993.

WATANABE, Kazuo. *Da cognição no Processo Civil*. São Paulo: Revista dos Tribunais, 1987.

ZAVASCKI, Teori Albino. *Antecipação da tutela*. 2ª ed. São Paulo: Saraiva, 1999.

Impressão:
Evangraf
Rua Waldomiro Schapke, 77 - POA/RS
Fone: (51) 3336.2466 - (51) 3336.0422
E-mail: evangraf.adm@terra.com.br